S. Cail / D. Möst / W. Fichtner / J. Percebois (Hrsg.)

Umweltpolitische Ziele der EU: Deutsch-französische Beiträge zur Zielerreichung

Tagungsband des ersten deutsch-französischen Workshops Energiewirtschaft und Nachhaltigkeit in Karlsruhe am 29.-30. Januar 2009

Concepts franco-allemands pour atteindre les objectifs environnementaux de l'UE

Actes du premier workshop franco-allemand Economie de l'Energie et Développement Durable à Karlsruhe les 29 et 30 janvier 2009

Umweltpolitische Ziele der EU: Deutsch-französische Beiträge zur Zielerreichung

Tagungsband des ersten deutsch-französischen Workshops Energiewirtschaft und Nachhaltigkeit in Karlsruhe am 29.-30. Januar 2009

Concepts franco-allemands pour atteindre les objectifs environnementaux de l'UE

Actes du premier workshop franco-allemand Economie de l'Energie et Développement Durable à Karlsruhe les 29 et 30 janvier 2009

S. Cail
D. Möst
W. Fichtner
J. Percebois
(Hrsg.)

Impressum

Karlsruher Institut für Technologie (KIT)
KIT Scientific Publishing
Straße am Forum 2
D-76131 Karlsruhe
www.uvka.de

KIT – Universität des Landes Baden-Württemberg und nationales
Forschungszentrum in der Helmholtz-Gemeinschaft

KIT Scientific Publishing 2009
Print on Demand

ISBN: 978-3-86644-455-3

Vorwort

Die Bekämpfung des Klimawandels sowie die Liberalisierung der Energiemärkte stellen zwei entscheidende Herausforderungen dar, mit denen die Mitgliedstaaten der Europäischen Union konfrontiert sind. Um diesen Herausforderungen Rechnung zu tragen, wurde die Notwendigkeit der Neustrukturierung des Energiesektors im März 2007 vom Europäischen Rat durch die Bekanntgabe eines umweltbezogenen Dreifach-Ziels für 2020 verdeutlicht. Dieses beinhaltet die Reduzierung des Endenergiebedarfs und der Treibhausgasemissionen um 20 % und die Erhöhung des Anteils der erneuerbaren Energien auf 20 % am Gesamtenergieverbrauch. Diese Ziele und die technologischen Entwicklungen, die ihre Umsetzung begleiten werden, implizieren wichtige Veränderungen in Angebot und Nachfrage der europäischen Energiesysteme.

Der erste deutsch-französische Workshop „Energiewirtschaft und Nachhaltigkeit" entstand aus dem Willen, eine Plattform für den Austausch von Ideen und Erfahrungen über diese europäischen Fragestellungen zu schaffen und Antworten von französischer und deutscher Seite unter Berücksichtigung der nationalen Spezifika der Energiesektoren beider Länder zusammenzutragen. Der Workshop fand am 29. und 30. Januar 2009 im Karlsruher Kongresszentrum statt und wurde gemeinsam vom Deutsch-Französischen Institut für Umweltforschung (DFIU) des Karlsruher Instituts für Technologie (KIT) und vom Centre de Recherche en Economie et Droit de l'Energie (CREDEN) an der Université Montpellier 1 organisiert. Ziel des Workshops war es, deutsche und französische Vertreter aus Wissenschaft, Politik und Industrie zusammenzubringen und vor dem Hintergrund der umweltpolitischen Ziele der Europäischen Union einen Austausch über den politischen Rahmen, technologische Entwicklungen und wirtschaftliche Konsequenzen zu organisieren.

Dieses Buch ist ein Sammelband von Artikeln deutscher und französischer Teilnehmer aus Forschung und Industrie zu den Themen Nachhaltigkeit, Energieeffizienz, Klimawandel, Strommarkt und erneuerbare Energien, insbesondere Biomasse, die im Rahmen des Workshops präsentiert wurden. Sie leisten jeweils einen Beitrag zur übergeordneten Themenstellung des Workshops: „Umweltpolitische Ziele der Europäischen Union: deutsch-französische Beiträge zur Zielerreichung".

Als Organisatoren des Workshops und Editoren des Tagungsberichtes freuen wir uns sowohl über den Erfolg der Veranstaltung, der sich in der beträchtlichen Anzahl der

Redner und der Teilnehmer ausgedrückt hat, als auch über die Vielfalt der Autoren und Themen im vorliegenden Sammelband. Wir bedanken uns bei allen Autoren und Teilnehmern für die Qualität der Artikel sowie der Präsentationen und den dadurch angeregten Austausch. Außerdem sei an dieser Stelle Herrn Professor Otto Rentz, Gründer und langjähriger Leiter des DFIU, herzlich gedankt. Seine deutsch-französischen Arbeiten zum Thema Energie und Umwelt haben den Grundstein für diesen Workshop gelegt. Die Editoren bedanken sich schließlich beim KIT-Zentrum Energie, dem Büro für Hochschul- und Forschungskooperation Heidelberg und der Kulturabteilung der französischen Botschaft in Deutschland für die finanzielle Unterstützung.

Karlsruhe, November 2009

Sylvain Cail, Dominik Möst, Wolf Fichtner und Jacques Percebois

Avant-propos

La lutte contre le changement climatique et la libéralisation des marchés de l'énergie constituent deux défis majeurs auxquels les Etats membres de l'Union Européenne sont d'ores et déjà confrontés. Afin de répondre à ces enjeux, la nécessaire restructuration du secteur énergétique a été précisée en mars 2007 par le Conseil Européen qui a annoncé un triple objectif environnemental à atteindre d'ici 2020. Celui-ci vise à la fois une réduction de la demande en énergie finale et des émissions de gaz à effet de serre de 20 %, tout en élevant à 20 % la proportion d'énergies renouvelables dans la consommation énergétique totale. Ces objectifs, et les développements technologiques qui accompagnent leur réalisation, impliquent des bouleversements importants dans l'offre et la demande des systèmes énergétiques européens.

Le premier workshop franco-allemand « Economie de l'Energie et Développement Durable » est né de la volonté de mettre en place un échange d'idées et d'expériences sur ces problématiques européennes et d'y apporter des réponses à l'échelle française et allemande en prenant en compte les spécificités nationales des secteurs de l'énergie des deux pays. Il a été organisé, les 29 et 30 janvier 2009 au Kongresszentrum de Karlsruhe, conjointement par l'Institut Franco-Allemand de Recherche sur l'Environnement (DFIU) du Karlsruher Institut für Technologie (KIT) et le Centre de Recherche en Economie et Droit de l'Energie (CREDEN) de l'Université de Montpellier 1. Le workshop avait pour objectif de rapprocher les représentants allemands et français des domaines scientifique, politique et industriel afin d'échanger sur le cadre politique, les développements technologiques et les conséquences économiques liés aux objectifs de politique environnementale.

Ce livre est un recueil d'articles présentés lors du workshop et rédigés par des chercheurs et des industriels français et allemands sur des thèmes aussi variés que le développement durable, l'efficacité énergétique, le changement climatique, le marché de l'électricité et les énergies renouvelables, en particulier la biomasse. Ils apportent chacun une réponse à la problématique générale du workshop : « concepts franco-allemands pour atteindre les objectifs environnementaux de l'Union Européenne ».

En tant qu'organisateurs du workshop et éditeurs de ses actes, nous sommes ravis à la fois du succès qu'a connu l'événement, comme en témoigne le nombre élevé d'orateurs et de participants, et de la diversité des auteurs et des sujets abordés dans le présent recueil.

Nous tenons à ce titre à remercier l'ensemble des auteurs et des participants pour la qualité des articles et des exposés ainsi que des échanges qu'ils ont suscités. Nous adressons aussi nos plus sincères remerciements au Professeur Otto Rentz, fondateur et directeur du DFIU pendant de nombreuses années, dont les travaux franco-allemands sur le thème de l'énergie et de l'environnement ont servi de base à la préparation de ce workshop. Les éditeurs expriment enfin leur profonde reconnaissance au Centre KIT Energie, au Bureau de la Coopération Universitaire de Heidelberg ainsi qu'au Service culturel de l'Ambassade de France en Allemagne pour leur soutien financier.

Karlsruhe, Novembre 2009

Sylvain Cail, Dominik Möst, Wolf Fichtner et Jacques Percebois

Inhaltsverzeichnis / Tables des matières

2

Systematische Nachhaltigkeitsbewertung in Energieprojekten

Dr. Volker STELZER

KIT – Institut für Technikfolgenabschätzung und Systemanalyse (ITAS)
Hermann-von-Helmholtz-Platz 1, 76344 Eggenstein-Leopoldshafen, Deutschland
E-Mail: volker.stelzer@kit.edu, Tel.: +49 (0)7247 82-3474

Kurzfassung

In nationalen und internationalen Politiken wurde Ende der 90er Jahre immer stärker eine Ausrichtung an den Zielen der Nachhaltigkeit gefordert. Dabei herrschte eine gewisse Unsicherheit darin, was unter Nachhaltigkeit zu verstehen ist. Ein Grund hierfür war, dass die Anwendung des Nachhaltigkeitsbegriffs oft eher intuitiv erfolgte und in weiten Teilen eine Tendenz bestand, das zu machen, was schon immer gemacht wurde und dieses lediglich mit dem Titel nachhaltig zu versehen. Es mangelte in weiten Teilen an einer wissenschaftlichen Reflektion und einer Systematisierung des Nachhaltigkeitsbegriffs. Um diese Lücke zu schließen ist in den Jahren 1999 bis 2001 unter der Federführung des Institutes für Technikfolgenabschätzung und Systemanalyse des Forschungszentrums Karlsruhe das „Integrative Konzept Nachhaltiger Entwicklung" ausgearbeitet worden (http://www.itas.fzk.de/deu/projekt/grunwald_a_02.htm). In der Zwischenzeit ist das Konzept von verschiedenen Gruppen in unterschiedlichen Kontexten angewendet worden (Universitäten, Forschungseinrichtungen, Gebietskörperschaften, börsennotierte Unternehmen u.a.). Bei einigen der Anwendungen spielt die Nachhaltigkeitsbewertung von Energienutzungen eine wichtige Rolle. So wurde in dem Projekt „Energie aus Grünland – eine nachhaltige Entwicklung?" (http://www.itas.fzk.de/deu/projekt/roes0343.htm) der Frage nachgegangen, ob die Nutzung überschüssiger Grünlandflächen in Baden-Württemberg einen Beitrag zur Nachhaltigkeit leisten kann. Es wurde der Umfang der Grünlandüberschussflächen und deren Potenzial für die Energieerzeugung ermittelt, die vorhandenen und in der Entwicklung befindlichen Technologien zur Umwandlung des Grünlandaufwuchses in Wärme- und elektrische Energie untersucht und die Auswirkungen der Technologien unter Nachhaltigkeitsgesichtspunkten bewertet. Hierbei wurde auch der Vergleich zur Umwandlung der Flächen in Maisäcker oder Kurzumtriebs-Holzplantagen und neueste Entwicklungen des Förderregimes für landwirtschaftliche Flächen einbezogen. Es stellt sich heraus, dass man nicht pauschal sagen kann, dass sich eine energetische Nutzung des Grünlandüberschusses positiv auf eine Nachhaltige Entwicklung auswirkt, dass sie aber bei bestimmten Rahmenbedingungen sehr wohl einen positiven Beitrag hierzu leisten kann. In dem Projekt „Risk Habitat Megacity"

(http://www.risk-habitat-megacity.ufz.de/) wird u.a. untersucht, wie eine nachhaltige Energienutzung für Megacities in Lateinamerika erfolgen kann. Hierzu können Ansätze z.B. aus Santiago
de Chile demonstriert werden. In dem Beitrag wird das „Integrative Konzept Nachhaltiger
Entwicklung" dargestellt und beispielhaft skizziert wie Nachhaltigkeitsaspekte in Energie-
projekten operationalisiert werden können.

Stichworte

Nachhaltige Entwicklung, Bewertung, nachhaltige Energieversorgung, systematische Nachhaltigkeitsbewertung

1   Nachhaltige Entwicklung

Das Konzept der nachhaltigen Entwicklung als allgemeingültiges Leitbild hat sich in
weiten Teilen der Politik und der Gesellschaft etabliert. Dies kann man an der Vielzahl
von Publikationen aus Forschungseinrichtungen, Universitäten, Institutionen, Verbänden
und Parteien zu diesem Thema erkennen. Bei der Konkretisierung dieses Leitbildes gehen
die Vorstellungen allerdings oft deutlich auseinander.

Einig sind sich die meisten Nachhaltigkeitskonzepte darin, dass die Grundlage für die
Nachhaltigkeitsdefinition der Bericht der Brundtland-Kommission 1987 „Our Common
Future" [1] sowie die Dokumente der Konferenz von Rio 1992 [2] sind. Nach dem
Brundtland-Bericht ist eine Entwicklung dann nachhaltig, „wenn sie die Bedürfnisse der
Gegenwart befriedigt, ohne zu riskieren, dass künftige Generationen ihre Bedürfnisse
nicht befriedigen können". Was die Kommission unter dem Begriff der Bedürfnisse
versteht, erläutert sie gleich im Anschluss an diese Definition. Es geht „insbesondere um
die Grundbedürfnisse der Ärmsten dieser Welt, die die überwiegende Priorität haben
sollten". Armut ist nach Ansicht der Kommission nicht nur ein Übel per se, sondern
gleichzeitig eine der Hauptursachen für Umweltzerstörung, Bürgerkriege, Vertreibung
und andere Krisenphänomene. Die Erfüllung der Grundbedürfnisse setzt voraus, dass
Ländern, in denen die Mehrheit der Bevölkerung arm ist, ein gerechter Anteil an den
Ressourcen zugestanden wird. Nachhaltige Entwicklung erfordert daher eine Entwick-
lungspolitik, die auf Veränderung bezüglich des Zugangs zu Ressourcen, Gütern,
Einkommen und sozialen Positionen sowie auf eine Umverteilung von Rechten und
Pflichten, Chancen und Lasten, Kosten und Nutzen ausgerichtet ist. Die Verantwortung
für soziale Gerechtigkeit zwischen aufeinander folgenden Generationen bezieht aus der
Sicht der Kommission „logischerweise die Gerechtigkeit innerhalb jeder Generation" mit
ein. Eine gerechte Gegenwart ist Voraussetzung für eine gerechte Zukunft.

Konstitutive Elemente nachhaltiger Entwicklung

Aus der Nachhaltigkeitsdefinition der Brundtland-Kommission und den von ihr selbst dazu gegebenen Erläuterungen lassen sich fünf normative Grundannahmen oder konstitutive Elemente des Leitbildes herausarbeiten, über die auf einer sehr abstrakten Ebene mehr oder weniger Konsens besteht:

Nachhaltigkeit beinhaltet Verantwortung gegenüber heutigen und kommenden Generationen

Dass die Idee der Nachhaltigkeit sehr wesentlich mit der Anerkennung von moralischen Verpflichtungen gegenüber künftigen Generationen zusammenhängt, ist unstrittig. Wie jedoch das künftigen Generationen zu hinterlassende Erbe strukturiert sein müsste, was bewahrt werden soll und was verändert werden darf, ist nach wie vor kontrovers. Noch problematischer ist die Frage, was Verantwortung gegenüber den heute Lebenden bedeutet. Hierzu werden nicht nur unterschiedliche Deutungen vertreten, sondern es gibt auch nur einen relativ schwach ausgeprägten Grundkonsens. Trotz der klaren Position der Brundtland-Kommission, dass die beiden Gerechtigkeitspostulate untrennbar zusammengehören, gehen viele Nachhaltigkeitskonzepte entweder auf die Frage der internationalen Verteilungsgerechtigkeit nicht ein oder sie vertreten den Standpunkt, dass nur der Aspekt der Verantwortung für künftige Generationen konstitutiv für das Leitbild der Nachhaltigkeit sei.

Nachhaltigkeit ist ein globales Konzept

In dem Bericht wird anerkannt, dass viele Probleme nicht an den nationalen Grenzen Halt machen und viele Ursache-Wirkungs-Zusammenhänge weltweit vernetzt sind. Dennoch wird die globale Perspektive in vielen Nachhaltigkeitskonzepten hauptsächlich bei der Formulierung von ökologischen Zielen, insbesondere dem der CO_2-Reduktion berücksichtigt, während ansonsten eine nationale oder regionale Sicht im Vordergrund steht.

Nachhaltigkeit ist ein integratives Konzept

Der Brundtland-Report betont die engen Beziehungen zwischen ökologischer, ökonomischer, sozialer, kultureller und institutioneller Entwicklung. Für diese verschiedenen Facetten der gesellschaftlichen Entwicklung hat sich die Bezeichnung „Dimensionen" oder „Säulen" eingebürgert. Es gehört zu den allgemein geteilten Grundeinsichten der Nachhaltigkeitsdebatte, dass die Umsetzung des Leitbildes eines umfassenden Strategieansatzes bedarf, der die verschiedenen Dimensionen integriert. Ökologische, ökonomische und soziale Fragen sollen in ihrer wechselseitigen Abhängigkeit betrachtet und Zielkonflikte und Trade-off-Probleme in einem „magischen Dreieck" oder auch Viereck oder Fünfeck je nach Konzeption und damit nach Anzahl der Dimensionen zum Ausgleich gebracht werden. Vorgeschlagen wird z.b., dem Bereich „Kultur und Bildung" die Rolle einer vierten Dimension zuzuweisen, so etwa Rochlitz in seinem Sondervotum zum Abschlussbericht der Enquete-Kommission „Schutz des Menschen und der Umwelt" [3]. Andere Autoren plädieren für die Einführung einer „institutionellen Dimension", so Minsch et al. [4] und Forum Umwelt & Entwicklung [5]. Obwohl die Notwendigkeit der Integration auf dieser allgemeinen Ebene unbestritten ist, liegen die Auffassungen über das Verhältnis der Dimensionen nach wie vor weit auseinander.

Nachhaltigkeit ist ein anthropozentrisches Konzept

Als primäres Ziel einer nachhaltigen Entwicklung wird im Brundtland-Report die Befriedigung menschlicher Bedürfnisse heute und in Zukunft betrachtet. Die Bewahrung der natürlichen Umwelt wird nicht als Ziel an sich angestrebt, sondern als Voraussetzung für eine dauerhafte soziale und ökonomische Entwicklung. Der Mensch trägt Verantwortung für diese Natur, weil er als Naturwesen auf bestimmte Güter und Leistungen der Natur, auf die Funktionsfähigkeit natürlicher Kreisläufe und Wachstumsprozesse angewiesen ist. Auch dort, wo der Natur ein Eigenwert als Lebens- und Erfahrungsraum zugeschrieben wird, geschieht dies aus der Sicht und nach den Wertmaßstäben des Menschen.

Biozentrische oder physiozentrische Argumente haben bisher in der Nachhaltigkeitsdebatte keine wesentliche Rolle gespielt (Ott 2001) [6]. Die meisten Nachhaltigkeitskonzepte gehen von der Position eines „aufgeklärten" Anthropozentrismus aus, der die Pflicht zu einem behutsamen Umgang mit der Natur aus einem wohlverstandenen Eigeninteresse des Menschen heraus begründet (Gorke 1999, 211 ff.) [7]. Der Begriff des „menschlichen Selbstinteresses" darf dabei nicht mit einer kurzfristigen ausbeuterischen „Benutzung" der Natur gleichgesetzt werden, sondern bezieht sich auf die vielfältigen Funktionen, welche die Natur für den Menschen erfüllt. Auf die Implikationen eines „aufgeklärten Anthropozentrismus" kann hier nicht im Einzelnen eingegangen werden, siehe dazu ausführlich (Kopfmüller et al. 2001, 152 ff.) [8]. Da künftigen Generationen dieselben Rechte zugebilligt werden wie den heutigen, ergibt sich die Verpflichtung, die bestehende Vielfalt an Möglichkeiten menschlicher Interaktion mit der Natur für die Zukunft zu bewahren.

Nachhaltigkeit ist universell

Schon der von der UN-Vollversammlung an die Brundtland-Kommission vergebene Auftrag lautete „ein weltweites Programm des Wandels" zu formulieren. Die Kommission betrachtete das Auftreten globaler ökologischer Probleme und das wachsende Wohlstandsgefälle zwischen Nord und Süd als miteinander verknüpfte Krisenphänomene der industriellen Moderne (Brand/Jochum 2000, S. 174) [9]. Ausgehend von diesem Problemverständnis entfaltet sie das Konzept einer nachhaltigen Entwicklung als ein auf lange Sicht tragfähiges Modell für das Überleben und Wohlergehen der Weltgesellschaft. In der Konferenz von Rio haben dann Vertreter von 172 Staaten die Agenda 21 beschlossen, die in 40 Kapiteln die Umsetzung einer nachhaltigen Entwicklung einfordert [10]. Hierunter waren Vertreter von Demokratien und Diktaturen, Vertreter von allen Kontinenten und Vertreter aus Staaten mit christlicher, muslimischer, buddhistischer und vieler anderer Religionen.

2 Das Integrative Konzept Nachhaltiger Entwicklung

Oft konzentrieren sich die Arbeiten zur Nachhaltigkeit auf die ökologischen Problemstellungen. Hier kann teilweise bereits auf politisch festgelegte Ziele zurückgegriffen werden oder es besteht generell Konsens über die Schutzwürdigkeit der Umweltbereiche. In den Nachhaltigkeitsbetrachtungen wird in der Regel der Bodenschutz (Erosion, Verdichtung), der Grundwasser- und Gewässerschutz (vor Nitrat- und Pflanzenschutzmitteleinträgen), der Erhalt der Artenvielfalt und der Ressourcenschutz (fossile Energieträger, Phosphat) betrachtet. Bei den ökonomischen (z.b. Einkommen landwirtschaftlicher Betriebe) und sozialen Indikatoren ist die Diskussion und Konsensfindung dagegen noch nicht so weit fortgeschritten.

Zur Schließung dieser konzeptionellen Lücke und zur Austarierung der „ökologischen Schlagseite" der vorliegenden Nachhaltigkeitsbetrachtungen ist das von der Helmholtz-Gemeinschaft Deutscher Forschungszentren entwickelte „Integrative Konzept nachhaltiger Entwicklung" (IKoNE), das die unterschiedlichen Bereiche der Nachhaltigkeit zusammenhängend betrachtet (Kopfmüller et al. 2001 [11]; Grunwald et al. 2001 [12]; Coenen/Grunwald 2003 [13]), mittlerweile in unterschiedlichen thematischen Zusammenhängen erfolgreich angewendet worden. Hierzu zählen: die Entwicklung Deutschlands (ebda.), regionale Branchen (Schäfer 2006 [14]), börsennotierte Unternehmen in Österreich (Paulesich 2006 [15]), die Abfallwirtschaft (Hartlieb et al. 2006 [16]), die Aktivitätsfelder Mobilität und Verkehr (Keimel 2006 [17]; Keimel et al. 2004 [18]) und Wohnen und Bauen (Jörissen et al. 2005 [19]; Stelzer/Jörissen 2005 [20]). Es dient aber auch der Entwicklung von kommunalen Indikatorensystemen (Hartmuth et al. 2006 [21]), der Planung einer Bioraffinerie (Schidler 2006 [22]), der Risikoabschätzung für eine nachhaltige Entwicklung von Megacities (Kopfmüller/Lehn 2006 [23]; Kopfmüller et al. 2009 [24]) und als Baustein der Bildung für eine nachhaltige Entwicklung (Emmerich/Melzer 2006 [25]).

Generelle Ziele nachhaltiger Entwicklung

Im Konzept IKoNE erfolgt die Operationalisierung der konstitutiven Elemente der Nachhaltigkeit in mehreren Schritten. In einem ersten Schritt werden die konstitutiven Elemente der Nachhaltigkeit in drei Nachhaltigkeitsziele übersetzt: a) Sicherung der menschlichen Existenz; b) Erhaltung des gesellschaftlichen Produktivpotenzials; c) Bewahrung der Entwicklungs- und Handlungsmöglichkeiten.

Mindestanforderungen einer nachhaltigen Entwicklung

Diese Ziele werden in einem nächsten Schritt durch Mindestbedingungen einer nachhaltigen Entwicklung konkretisiert, auf deren Gewährleistung alle Mitglieder der globalen Gesellschaft – unter Einschluss kommender Generationen – einen moralischen Anspruch haben. Diese Mindestanforderungen, die als Handlungsleitlinien oder „Regeln" formuliert sind, beinhalten sowohl ökologische als auch ökonomische und soziale Aspekte. Sie bilden den normativen Bezugsrahmen, der als Leitorientierung für die Kontextualisierung von Nachhaltigkeitsbetrachtungen dient.

Generelle Nachhaltigkeitsziele		
Sicherung der menschlichen Existenz	Erhaltung des gesellschaftlichen Produktivpotenzials	Bewahrung der Entwicklungs- und Handlungsmöglichkeiten
Mindestanforderungen (Regeln)		
Schutz der menschlichen Gesundheit (1)	Nachhaltige Nutzung erneuerbarer Ressourcen (6)	Chancengleichheit hinsichtlich Bildung, Beruf, Information (11)
Gewährleistung der Grundversorgung (2)	Nachhaltige Nutzung nicht erneuerbarer Ressourcen (7)	Partizipation an gesellschaftlichen Entscheidungsprozessen (12)
Selbstständige Existenzsicherung (3)	Nachhaltige Nutzung der Umwelt als Senke (8)	Erhaltung des kulturellen Erbes und der kulturellen Vielfalt (13)
Gerechte Verteilung der Umweltnutzungsmöglichkeiten (4)	Vermeidung unvertretbarer technischer Risiken (9)	Erhaltung der kulturellen Funktion der Natur (14)
Ausgleich extremer Einkommens- und Vermögensunterschiede (5)	Nachhaltige Entwicklung des Sach-, Human- und Wissenskapitals (10)	Erhaltung der sozialen Ressourcen (15)

Tab. 1: Substanzielle Regeln des Integrativen Konzeptes Nachhaltiger Entwicklung (Kopfmüller et al. 2001, S. 172 [26]).

Zu den Voraussetzungen für eine nachhaltige Entwicklung gehören die 15 substanziellen Mindestanforderungen die den Nachhaltigkeitsbegriff in Bezug auf gesellschaftliche Bereiche, wie z.b. den Umgang mit natürlichen Ressourcen, konkretisieren (Tab. 1).

Internalisierung der externen ökologischen und sozialen Folgekosten
Angemessene Diskontierung
Begrenzung der Verschuldung
Faire weltwirtschaftliche Rahmenbedingungen
Förderung der internationalen Zusammenarbeit
Resonanzfähigkeit der Gesellschaft
Reflexivität
Steuerungsfähigkeit
Selbstorganisation
Machtausgleich

Tab. 2: Instrumentelle Mindestanforderungen (Kopfmüller et al. 2001, S. 174 [27]).

Darüber hinaus gibt es Bedingungen, die definieren, welche institutionellen Anforderungen eine Einhaltung der substanziellen Mindestbedingungen ermöglichen, die institutionellen Mindestanforderungen (Tab. 2). In Kopfmüller et al. 2001 [28] sind die Hintergründe und Herleitungen der einzelnen Regeln ausführlich dargestellt.

3 Nachhaltige Entwicklung in Energieprojekten

Nicht in jedem Projekt haben alle Regeln eine gleiche Wichtigkeit. Im Folgenden werden einige Beispiele dafür gegeben, wie die Regeln bei Projekten aus dem Energiebereich berücksichtigt werden könnten. Die konkrete Einbeziehung der Regeln hängt jedoch von der konkreten Projektfragestellung ab. So könnten z.t. andere Regeln von Bedeutung sein, wenn es sich z.b. um a) eine lokale, regionale oder globale Frage; b) eine Problemstellung in einem Industrie-, einem Schwellen- oder einem Entwicklungsland; c) eine sektorale oder energiesystemische Betrachtung; d) ein Unternehmen, eine Region oder eine Technologie handelt. Welche Regeln im konkreten Fall eine Rolle spielen, wird in einem Projekt jeweils durch ein Nachhaltigkeitsscreening (Stelzer et al. 2007) [29] ermittelt.

3.1 Generelles Nachhaltigkeitsziel: Sicherung der menschlichen Existenz

Nachhaltigkeitsregel: Schutz der menschlichen Gesundheit

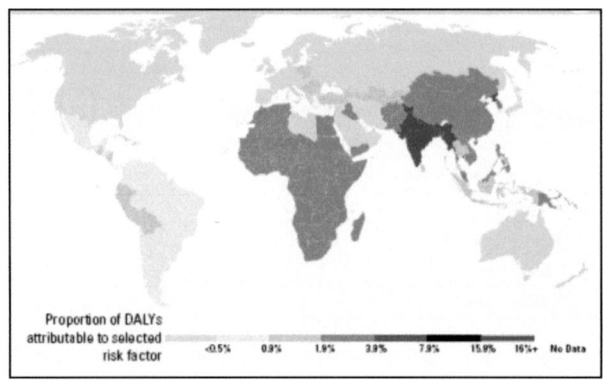

Abb. 1: Innenraumluftbelastung durch Festbrennstoffe (WHO 2002) [30].

Sowohl bei der Nutzung fossiler Energiequellen als auch der traditionellen oder modernen Nutzung von Biomasse finden in der Regel Verbrennungsprozesse statt, die in mehr oder weniger großen Mengen gesundheitsschädigende Stoffe wie SO_2, NO_x, CO, $PM_{2,5}$ oder VOC frei setzen. Besonders schädlich sind diese Schadstofffreisetzungen beim Kochen mit traditioneller Biomasse wie Holz oder Dung an offenem Feuer. Auf diese Art der Speisezubereitung sind heute noch 2,4 Milliarden Menschen angewiesen. Die WHO rechnet weltweit jährlich 1,6 Millionen Tote dem Risikofaktor Luftver-schmutzung in Innenräumen zu. Dass sind mehr als doppelt so viele, wie an den Folgen der Luftverschmutzung in Städten sterben und nahezu doppelt so viele, wie jährlich der Malaria zum Opfer fallen (WHO, 2002) [30].

Nachhaltigkeitsregel: Gewährleistung der Grundversorgung

Die Verfügbarkeit von Energie ist eine wesentliche Voraussetzung für die Befriedigung grundlegender menschlicher Bedürfnisse und eine (nachholende) wirtschaftliche Ent-wicklung. Zu den elementaren Energiedienstleistungen zählen gemäß UNDP et al. (2000) [31]: Beleuchtung, gekochtes Essen, erträgliches Raumklima, Kühlung von Lebens-mitteln, Transport, aber auch der Zugang zu Information und Kommunikation sowie die

Erleichterung einfacher handwerklicher und landwirtschaftlicher Arbeiten (zit. nach WBGU 2003, S. 125) [32].

Der Zugang zu Energie ist global gesehen sehr unterschiedlich verteilt (WRI 2004) [33]. So müssen die Menschen in den ärmsten Länder dieser Welt (Least Developed Countries) wie Jemen, Niger, Bangladesh u.a. mit einem Hundertstel der kommerziellen Energie auskommen, die ein Nordamerikaner verbraucht (BMU 2004, S. 11) [34].

Als allgemeines Ziel für eine nachhaltige Energieversorgung könnte man fordern, dass zur Sicherung einer menschenwürdigen Existenz allen Mitgliedern der Weltgesellschaft ausreichende und bezahlbare Energiedienstleistungen zur Verfügung stehen müssten, ohne dass die natürlichen Lebensgrundlagen und die Umweltnutzungsmöglichkeiten künftiger Generationen gefährdet werden. Der Wissenschaftliche Beirat Globale Umweltveränderungen (WBGU) stellt als Mindestbedingung die Forderung auf, dass bis 2020 weltweit allen Haushalten Zugang zu 500 kWh „moderner Energie" pro Jahr eingeräumt wird (WBGU 2003, S. 125) [35]. Unter „moderner Energie" wird dabei zum einen Elektrizität und zum anderen die Nutzung emissionsarmer Brennstoffe, vorzugsweise auf Biomassebasis, unter Ausschluss der traditionellen Brennstoffe Holz und Dung verstanden. Dieser Wert ergibt sich aus den Annahmen über den Energieverbrauch zur Deckung der elementaren Grundbedürfnisse. Für eine 5-köpfige Familie werden dabei folgende Endenergiemengen pro Kopf und Jahr zugrunde gelegt: 5 kWh zur Förderung von 5 l Wasser pro Kopf und Tag, 7 kWh für 5 Stunden Beleuchtung pro Haushalt und Tag, 18 kWh für 5 Stunden Information und Kommunikation (Radio, TV u.a.) pro Haushalt und Tag, 29 kWh für die Kühlung von Lebensmitteln pro Haushalt und Tag und 400 kWh Brennstoffe für das Kochen von 1,5 Mahlzeiten pro Tag. Es handelt sich hierbei nur um ein absolutes Mindestmaß, da weder Warmwasserbereitung und Heizung, noch Transport, noch die Unterstützung von landwirtschaftlichen und handwerklichen Tätigkeiten einbezogen sind.

3.2 Generelles Nachhaltigkeitsziel: Erhaltung des gesellschaftlichen Produktivpotenzials

Nachhaltigkeitsregel: Nachhaltige Nutzung erneuerbarer Ressourcen

Weltweit werden ca. 14 % der Primärenergie aus regenerativen Energiequellen erzeugt und die Tendenz ist steigend. Dies führt in einigen Fällen zu Nutzungskonkurrenzen. So stehen in einigen Fällen die Trinkwassernutzung in Konkurrenz zur Wasserkraft, die Windenergienutzung in Konkurrenz zur Erholungsnutzung und der Anbau von Energiepflanzen in Konkurrenz zu Pflanzen zur Herstellung von Lebensmitteln.

Nachhaltigkeitsregel: Nachhaltige Nutzung nicht erneuerbarer Ressourcen

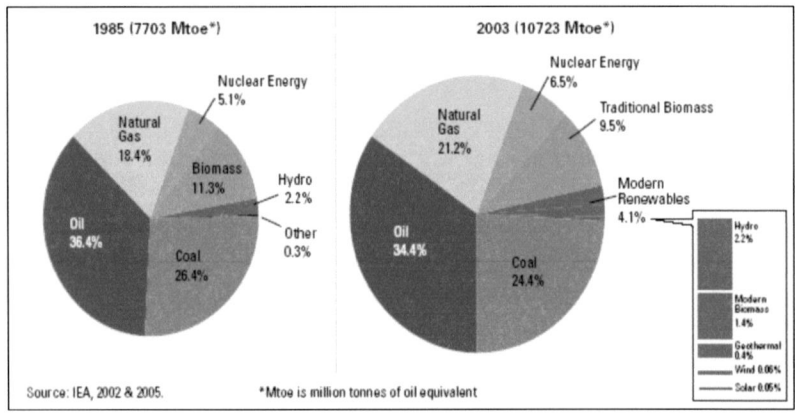

Abb. 2: Weltweiter Primärenergieverbrauch nach Energiequellen (IEA 2002 und 2005) [36].

Die Nachfrage nach Energie ist in den letzten Jahrzehnten kontinuierlich gestiegen. Da der weitaus größte Teil der Energie aus nicht erneuerbaren Quellen (Erdöl, Erdgas, Kohle, Uran) stammt (86 %, Abb. 2), ist auch der Verbrauch dieser Energie-Rohstoffe kontinuierlich angestiegen. Bei wichtigen Energierohstoffen liegen die Werte der neu entdeckten Ressourcen unter den Verbrauchswerten. Dies bedeutet eine stetige Abnahme der Ressourcen. So ist in der britischen Nordsee, den norwegischen Ölfeldern, den USA und anderen Staaten bereits der Depletion Midpoint überschritten. Auch wenn sich, hervorgerufen durch die Probleme der Weltwirtschaft, momentan die Abnahme der Ressourcen verringert, so gibt es einen mittelfristigen Trend zu einer weiteren Ver-knappung der fossilen Energieressourcen.

Nachhaltigkeitsregel: Nachhaltige Nutzung der Umwelt als Senke

Die Energienutzung ist weltweit für über 50 % der globalen Treibhausgasemissionen verantwortlich (IPCC 2007) [37]. Die Hauptquelle hierfür ist die Nutzung fossiler Energieträger. Entsprechend der unterschiedlichen Verteilung des Energieverbrauchs, weisen auch die Emissionen von CO_2 weltweit eine sehr unterschiedliche Verteilung auf.

Nachhaltigkeitsregel: Vermeidung unvertretbarer technischer Risiken

Energieinfrastrukturen gehören zu den Anlagen mit dem höchsten Potenzial für katastrophale Auswirkungen auf den Menschen und die Umwelt (Tschernobyl, Exxon Valdez, Prestige u.a.). Aus diesem Grund sind an diese Anlagen erhebliche Anforderungen an die Sicherheits- und Schutzmaßnahmen erforderlich.

3.3 Generelles Nachhaltigkeitsziel: Bewahrung der Entwicklungs- und Handlungsmöglichkeiten

Nachhaltigkeitsregel: Chancengleichheit hinsichtlich Bildung, Beruf, Information

Der gerechte Zugang zu Information, Bildung aber auch beruflicher Tätigkeit hängt heute in erheblichem Maße vom Zugang zu modernen Kommunikationsmitteln ab (Telefon, Computer, Radio, Fernsehen), die zu ihrem größten Teil von einer Versorgung mit Strom angewiesen sind. Aber 1,6 Milliarden Menschen haben weltweit keinen Zugang zu Elektrizität.

Nachhaltigkeitsregel: Partizipation an gesellschaftlichen Entscheidungsprozessen

Die Art der Energieversorgung wurde lange Zeit nahezu ausschließlich von den staatlichen oder privaten Energieversorgungsunternehmen festgelegt. Beteiligungsmöglichkeiten für die Bevölkerung gab es nur in soweit, als in den Ländern, die über eine UVP-Regelung für Energieanlagen verfügten Betroffene im Genehmigungsverfahren beteiligt wurden. In einigen Ländern wie z.B. Deutschland ist durch die Ermöglichung der freien Wahl des Energieerzeugers und der Durchleitungspflicht für die Stromnetzbetreiber eine Partizipationsmöglichkeit der Strom- und Gaskunden ermöglicht worden.

Nachhaltigkeitsregel: Erhaltung der kulturellen Funktion der Natur

Die meisten Arten der Energieerzeugung haben auf die eine oder andere Art und Weise Einfluss auf das Landschaftsbild und damit auf die kulturelle Funktion der Natur.

Abb. 3: Beispiele für Landschaftsveränderungen durch Energieerzeugungsanlagen.

Hierzu zählen Windräder, Strommasten, Schornsteine und Kühltürme aber auch der Anbau von Energiepflanzen, großflächige Photovoltaikanlagen oder thermische Solarkraftwerke (Abb. 3).

3.4 Instrumentelle Mindestanforderungen

Nachhaltigkeitsregel: Internalisierung von externen Kosten

Von den meisten Energieerzeugungssystemen werden Kosten für Privatpersonen oder die Allgemeinheit verursacht, für die weder von den Betreibern des Systems noch die Energieverbraucher bezahlen (Gesundheitskosten, Schäden an Gebäuden und Ökosystemen, Übernahme von Haftungsrisiken u.a.).

Nachhaltigkeitsregel: Limitierung der öffentlichen Verschuldung

Die direkten Energiekosten gehören zu den Ausgaben der öffentlichen Hand und tragen damit potenziell zur öffentlichen Verschuldung bei. Hierzu zählen vor allem die Wärme- und die Stromversorgung der öffentlichen Liegenschaften. Hinzu kommen aber auch indirekte Kosten vor allem für die unterschiedlichen Energiesubventionen (Kohlebeihilfe, Steuerbefreiung des Kerosins, Forschungsausgaben u.a.).

Staatliche Energieversorgungsunternehmen können die Staatsverschuldung verringern, wenn sie wirtschaftlich arbeiten. Anderenfalls tragen sie zu seiner Erhöhung der Staatsverschuldung bei.

4 Ergebnis und Ausblick

Die Ausführungen haben einen Aufriss der möglichen Nachhaltigkeitsprobleme im Energiesektor gegeben. Ansatzweise konnte gezeigt werden, dass es keine universelle Energietechnologie gibt, die in allen Regionen und allen Zusammenhängen automatisch als nachhaltig bezeichnet werden kann. Einer Nachhaltigkeitsanalyse muss immer eine konkrete Fragestellung zu Grunde liegen. Beispiele für derartige Fragestellungen wären: „Beurteilung der Nachhaltigkeit der Energieversorgung in Deutschland" oder „würde ein massiver Ausbau der Windkraftnutzung einen Beitrag zur Nachhaltigkeit in der Türkei leisten". Aktuell wird unter Anwendung des Integrativen Konzeptes Nachhaltiger Entwicklung die Energieversorgung von Santiago de Chile auf ihre Nachhaltigkeit hin untersucht. Aufbauend auf diese Untersuchung sollen weitere Megacities Lateinamerikas einer Nachhaltigkeitsanalyse unterzogen werden.

Literaturverzeichnis

[1] V. Hauff (Hg.). Unsere gemeinsame Zukunft. Greven. 1987.

[2] Die fünf Dokumente herausgegeben von der United Nations Conference on Environment and Development. Rio Declaration on Environment and Development, United Nations Framework Convention on Climate Change, Convention on Biological Diversity, Forest Principles, Agenda 21, Rio de Janeiro. 1992.

[3] Enquete-Kommission „Schutz des Menschen und der Umwelt" des 13. Deutschen Bundestages". Konzept Nachhaltigkeit: Vom Leitbild zur Umsetzung. Abschlussbericht. BT-Drucksache 13/11200. Bonn. 1998.

[4] J. Minsch, P. Feindt, H. Meister, U. Schneidewind. Institutionelle Reformen für eine Politik der Nachhaltigkeit. Berlin. 1998.

[5] Forum Umwelt & Entwicklung. Wie zukunftsfähig ist Deutschland? Entwurf eines alternativen Indikatorensystems. Werkstattbericht des Arbeitskreises Indikatoren. Bonn. 1997.

[6] K. Ott (2001). Eine Theorie „starker" Nachhaltigkeit. In: Natur und Kultur 2, H. 1, S. 55-75. 2001.

[7] M. Gorke. Artensterben: Von der ökologischen Theorie zum Eigenwert der Natur. Stuttgart. S. 211 ff. 1999.

[8] J. Kopfmüller, V. Brandl, J. Jörissen, M. Paetau, G. Banse, R. Coenen, A. Grunwald. Nachhaltige Entwicklung integrativ betrachtet. Konstitutive Elemente, Regeln, Indikatoren. Reihe. Global zukunftsfähige Entwicklung – Perspektiven für Deutschland, Bd. 1. Berlin. S. 152 ff. 2001.

[9] K. W. Brand, G. Jochum. Abschlussbericht zum Forschungsprojekt Sustainable Development – Nachhaltige Entwicklung: Zur sozialen Konstruktion globaler Handlungskonzepte im Umweltdiskurs. München. S. 174. 2000.

[10] United Nations Conference on Environment and Development. *Agenda 21. Rio de Janeiro. 1992.*

[11] J. Kopfmüller, V. Brandl, J. Jörissen, M. Paetau, G. Banse, R. Coenen, A. Grunwald. Nachhaltige Entwicklung integrativ betrachtet. Konstitutive Elemente, Regeln, Indikatoren. Reihe: Global zukunftsfähige Entwicklung – Perspektiven für Deutschland, Bd. 1. Berlin. 2001.

[12] A. Grunwald, R. Coenen, J. Nitsch, A. Sydow, P. Wiedemann (Hg.). Forschungswerkstatt Nachhaltigkeit. Wege zur Diagnose und Therapie von Nachhaltigkeitsdefiziten. Reihe: Global zukunftsfähige Entwicklung – Perspektiven für Deutschland, Bd. 2. Berlin. 2001.

[13] R. Coenen, A. Grunwald. Nachhaltigkeitsprobleme in Deutschland. Analyse und Lösungsstrategien. Reihe: Global zukunftsfähige Entwicklung – Perspektiven für Deutschland, Bd. 5. Berlin. 2003.

[14] M. Schäfer. Der Beitrag wirtschaftlicher Akteure zu nachhaltiger Entwicklung und Lebensqualität. In: Kopfmüller, J. (Hg.): Das Integrative Nachhaltigkeitskonzept der HGF in der Forschungspraxis. Berlin. sigma, 115-137. 2006.

[15] R. Paulesich. EeseyX. Der HGF-Ansatz in einem Modell zur Bewertung börsennotierter Unternehmen. In: Kopfmüller, J. (Hg.): Das Integrative Nachhaltigkeitskonzept der HGF in der Forschungspraxis. Berlin. sigma, 189-212. 2006.

[16] N. Hartlieb, R. Bräutigam, J. Kopfmüller, G. Sardemann, M. Achternbosch,, C. Kupsch. Das Integrative Konzept Nachhaltiger Entwicklung im Kontext der Abfallwirtschaft – Anwendung auf das Beispiel der Cadmiumstoffströme. In: Kopfmüller, J. (Hg.): Das Integrative Nachhaltigkeitskonzept der HGF in der Forschungspraxis. Berlin: sigma, 213-233. 2006.

[17] H. Keimel. Nachhaltigkeitsberichterstattung im Verkehrsbereich. In: Kopfmüller, J. (Hg.): Das Integrative Nachhaltigkeitskonzept der HGF in der Forschungspraxis. Berlin. sigma, 299-309. 2006.

[18] H. Keimel, R. Berghof, J. Borken, U. Klann. Nachhaltige Mobilität integrativ betrachtet. Reihe: Global zukunftsfähige Entwicklung – Perspektiven für Deutschland, Bd. 9. Berlin. 2004.

[19] J. Jörissen, R. Coenen, V. Stelzer. Zukunftsfähiges Wohnen und Bauen. Herausforderungen, Defizite, Strategien. Berlin. sigma. 2005.

[20] V. Stelzer, J. Jörissen. Nachhaltiges Wohnen und Bauen. In: Banse, G., Kiepas, A. (Hg.): Nachhaltige Entwicklung: Von der wissenschaftlichen Forschung zur politischen Umsetzung. Berlin. sigma, 251-269. 2005.

[21] G. Hartmuth, K. Huber, D. Rink. Downscaling von Nachhaltigkeit: Das Integrative Nachhaltigkeitskonzept als Bauplan für kommunale Indikatorensysteme. In: Kopfmüller, J. (Hg.). Das integrative Nachhaltigkeitskonzept der HGF in der Forschungspraxis. Berlin. sigma, 99-114. 2006.

[22] S. Schidler. Interdisziplinäre Bildung von Nachhaltigkeitskriterien. Fallbeispiel Nachwachsende Rohstoffe – Grüne Bioraffinerie. In: Kopfmüller, J. (Hg.): Das Integrative Nachhaltigkeitskonzept der HGF in der Forschungspraxis. Berlin. sigma, 157-169. 2006.

[23] J. Kopfmüller, H. Lehn. Nachhaltige Entwicklung in Megacities. In: Kopfmüller, J. (Hg.): Das Integrative Nachhaltigkeitskonzept der HGF in der Forschungspraxis. Berlin. sigma, 269-282. 2006.

[24] J. Kopfmüller, H. Lehn, D. Heinrichs, H. Nuissl, K. Krellenberg. Die HGF-Forschungsinitiative "Risk Habitat Megacity": Ziele, Ansatz, Fragestellungen. Technikfolgenabschätzung - Theorie und Praxis 18(2009)1, S. 35-45. 2009.

[25] R. Emmerich, M. Melzer. Das Integrative Konzept Nachhaltiger Entwicklung der HGF als Baustein der Bildung für eine Nachhaltige Entwicklung. In: Kopfmüller, J. (Hg.): Das Integrative Nachhaltigkeitskonzept der HGF in der Forschungspraxis. Berlin. sigma, 171-188. 2006.

[26] J. Kopfmüller, V. Brandl, J. Jörissen, M. Paetau, G. Banse, R. Coenen, A. Grunwald. Nachhaltige Entwicklung integrativ betrachtet. Konstitutive Elemente, Regeln, Indikatoren. Reihe: Global zukunftsfähige Entwicklung – Perspektiven für Deutschland, Bd. 1. Berlin. S. 172. 2001.

[27] J. Kopfmüller, V. Brandl, J. Jörissen, M. Paetau, G. Banse, R. Coenen, A. Grunwald. Nachhaltige Entwicklung integrativ betrachtet. Konstitutive Elemente, Regeln, Indikatoren. Reihe: Global zukunftsfähige Entwicklung – Perspektiven für Deutschland, Bd. 1. Berlin. S. 174. 2001.

[28] J. Kopfmüller, V. Brandl, J. Jörissen, M. Paetau, G. Banse, R. Coenen, A. Grunwald. Nachhaltige Entwicklung integrativ betrachtet. Konstitutive Elemente, Regeln, Indikatoren.

Reihe: Global zukunftsfähige Entwicklung – Perspektiven für Deutschland, Bd. 1. Berlin. 2001.

[29] V. Stelzer, C. Rösch, K. Raab. Ein integratives Konzept zur Messung von Nachhaltigkeit – das Beispiel Energiegewinnung aus Grünland. In: manu:script, ITA-07-01, http://epub.oeaw.ac.at/ita/ita-manuscript/ita_07_01.pdf. 2007.

[30] WHO – World Health Organisation. The world health report 2002 - Reducing Risks, Promoting Healthy Life. Genf. 2002.

[31] UNDP – United Nations Development Program, UN-DESA – United Nations Department of Economic and Social Affairs, WEC – World Energy Council (Hg.). *World Energy Assessment, Energy and the Challenge of Sustainability. New York. 2000.*

[32] WBGU – Wissenschaftlicher Beirat der Bundesregierung Globale Umweltveränderungen. Welt im Wandel, Energiewende zur Nachhaltigkeit. Jahresgutachten 2003. Berlin/Heidelberg/New York. S. 125. 2003.

[33] WRI – World Resources Institute. Earth Trends Data Tables: Energy and Resources, Energy. Source: International Energy Agency (IEA), http://earthtrends.wri.org/pdf_library/data_tables/engl_2003.pdf. 2004.

[34] BMU – Bundesministerium für Umwelt, Naturschutz und Reaktorsicherheit. Umweltpolitik. Ökologisch optimierter Ausbau der Nutzung erneuerbarer Energien in Deutschland. Berlin. 2004.

[35] WBGU – Wissenschaftlicher Beirat der Bundesregierung Globale Umweltveränderungen. Welt im Wandel, Energiewende zur Nachhaltigkeit. Jahresgutachten 2003. Berlin/Heidelberg/New York. S. 125. 2003.

[36] IEA – International Energy Agency. Key World Energy Statistics 2002. Paris, 2002. IEA – International Energy Agency. Key World Energy Statistics 2005. Paris. 2005.

[37] IPCC – Intergovernmental Panel on Climate Change. Climate Change 2007: The Physical Science Basis. Summary for Policymakers. Contribution of Working Group I to the Fourth Assessment Report of the IPCC. Genf. 2007.

Les mérites comparés des différents mécanismes de promotion des énergies renouvelables

Comment combiner soutien obligatoire et soutien volontaire ?

Prof. Jacques PERCEBOIS, Dr. Olivier ROUSSE

LASER-CREDEN

Faculté des Sciences Economiques, Avenue de la Mer, Site de Richter, CS 79606, 34960 Montpellier Cedex 2, France

E-mail : jacques.percebois@univ-montp1.fr, Tél. : +33 (0) 4 67 15 83 60

Résumé

Tout le monde s'accorde à dire que l'Etat doit intervenir dans la promotion de l'électricité produite à partir des énergies renouvelables notamment parce qu'il coordonne les objectifs de lutte contre l'effet de serre et de sécurité de l'approvisionnement de l'Union Européenne. Dans un contexte d'ouverture à la concurrence des industries de l'électricité et du gaz, cette intervention ne doit pas trop fausser les mécanismes du marché. L'objectif de cette note est de présenter les mérites comparés de chaque mécanisme de soutien aux énergies renouvelables. En partant du cadre théorique de référence, le débat « prix versus quantités », nous mettons en évidence les différents avantages et inconvénients de chaque mécanisme (obligatoire et volontaire). Notamment, nous proposons une alternative au financement volontaire classique (fourniture d'électricité verte) consistant à autoriser les consommateurs à acheter et retenir des certificats verts. Nous montrons notamment que cette solution permet d'accroître l'efficacité théorique du choix d'une régulation par les quantités, les marchés de certificats verts conciliant alors soutien obligatoire et soutien volontaire.

Mots-clés

Promotion des énergies renouvelables, électricité verte, débat prix versus quantités, marché de certificats verts, prix d'achat garantis, financement volontaire, participation des citoyens.

1 Introduction

La configuration du marché libéralisé de l'électricité, dans lequel la concurrence augmente de jour en jour, ne laisse encore qu'une faible place au développement des technologies utilisant les énergies renouvelables (ENR), malgré la mise en place d'un système de permis d'émission de gaz à effet de serre (au moins pour l'instant). Pourtant, en dépit de leurs coûts plus élevés par rapport aux centrales électriques classiques, les centrales électriques utilisant les sources d'ENR présentent de nombreux avantages et constituent une alternative séduisante pour l'Union Européenne (UE). En effet, l'électricité produite à partir de ce type de technologies :

- est disponible localement ce qui diminue les pertes sur le réseau électrique ;

- convient bien à des zones isolées ou ultrapériphériques ;

- permet de créer de nouvelles entreprises et contribue à l'emploi ;

- peut avoir une incidence positive sur la cohésion sociale ;

- peut permettre la venue de nouveaux entrants sur le marché de l'électricité et accroît ainsi la concurrence entre les producteurs ;

- économise de l'énergie et bénéficie à l'environnement ;

- contribue à améliorer la sécurité de l'approvisionnement en électricité de l'UE par la diversification du mix énergétique et la diminution de la dépendance de l'Europe vis-à-vis des pays exportateurs de combustibles fossiles.

Pour toutes ces raisons, les deux dernières étant les plus importantes, personne ne conteste aujourd'hui qu'il faille aider les ENR à accroître leur part de marché. De plus, comme le souligne [3], ce n'est pas parce qu'une technologie est efficace qu'elle est adoptée mais, parce qu'elle est adoptée, qu'elle deviendra éventuellement efficace. C'est notamment pourquoi toutes les formes d'énergie ont, à un moment de leur histoire et dans tous les pays, bénéficié d'une aide des pouvoirs publics, que ce soit sous forme d'un « marché protégé », d'aides à l'innovation, de subventions d'exploitation ou de taxation incitative. Ainsi, conformément aux effets des processus d'apprentissage par l'usage ou par la pratique ([2], [6]), on peut espérer que ces technologies deviennent rapidement concurrentielles si elles bénéficient d'un régime de soutien.

Certes certains consommateurs sont disposés à payer un surcoût pour permettre le développement de l'électricité verte (EV) mais le processus est lent et beaucoup d'entre eux se comportent en passagers clandestins (free riders), ne souhaitant pas payer pour des bénéfices que tout le monde pourra s'approprier gratuitement. L'Etat doit donc intervenir mais dans un contexte d'ouverture à la concurrence des industries de l'électricité et du gaz cette intervention ne doit pas trop fausser les mécanismes du marché.

La directive 2001/77/CE du 27 septembre 2001 relative à « la promotion de l'électricité produite à partir de sources d'énergie renouvelables sur le marché intérieur de l'électricité » fixe comme objectif (sur une base volontaire) un doublement de la part des ENR dans le bilan primaire des Etats membres de l'UE à l'horizon 2010, c'est à dire un passage de 6 % en 2000 à 12 % en 2010. Pour la production d'électricité, cet objectif signifie que la part de l'électricité produite à partir de sources d'ENR devrait passer de 14 % en 2000 à 22,1 % en 2010. En 2020 la part des ENR dans le bilan énergétique primaire de l'UE devrait atteindre 20 %. Etant donné que cet objectif est fixé sur une base volontaire, la directive n'impose pas aux Etats membres de mécanismes incitatifs. Faut-il dès lors mettre en œuvre des incitations sous forme de prix garantis rémunérateurs pour l'EV produite ou choisir un système de quotas avec appels d'offres ? Peut-on envisager un système de quotas décentralisés adossés à un marché de certificats verts ? Plusieurs solutions ont été testées, et si le mécanisme des prix garantis est aujourd'hui dominant au sein de l'UE, certains considèrent, qu'à terme, le système des quotas avec marché de certificats verts devrait devenir la norme. En effet, ce système est plus flexible, sans doute moins coûteux pour la collectivité et il peut être couplé au système européen de permis d'émission de CO_2 (certificats noirs) fonctionnant depuis 2005 et à celui des certificats « blancs » (économies d'énergie) existant déjà dans de nombreux pays d'Europe.

L'objet de cet article est de faire le point sur les mérites comparés des divers systèmes incitatifs disponibles. En partant du cadre théorique de référence, le débat « prix versus quantités », nous présentons les différents mécanismes de promotion des ENR. En premier lieu, nous examinons les mécanismes de soutien obligatoire : les prix d'achat garantis, le système des quotas avec enchères concurrentielles et les marchés de certificats verts. En second lieu, nous présentons les mécanismes de soutien volontaire en présentant d'abord le financement volontaire classique par la souscription à une offre d'EV. Nous proposons ensuite une alternative aux contrats de fourniture d'EV qui s'appuie sur le marché de certificats verts. Nous relançons ainsi le débat « prix versus quantités » appliqué aux ENR en montrant que la participation des citoyens au marché de certificats verts accroît en théorie l'efficacité d'un marché de certificats verts par rapport à un système de prix d'achat garantis.

2   Le cadre théorique de référence

Le débat « prix versus quantités » traitant du choix de la politique publique d'internalisation des externalités en information imparfaite et en présence d'incertitude constitue notre cadre théorique de référence. Ce débat constitue un raffinement de la recherche d'un optimum de second rang à la Baumol [4], en identifiant les conditions dans lesquelles une régulation par les prix (taxation ou subvention) ou une régulation par les quantités (réglementation ou marché de quotas) peut l'emporter sur une autre. L'essentiel des arguments relatifs à ce débat proviennent de l'article fondamental de Weitzman [13] dont le raisonnement concerne aussi bien les externalités négatives (réduction de la pollution ou de la congestion) que des externalités positives (promouvoir des énergies non polluantes contribuant à l'amélioration de la sécurité des approvisionnements).

Ces travaux considèrent le cas d'un régulateur, en situation d'information imparfaite et d'incertitude, qui doit choisir un instrument de régulation en sachant qu'il va commettre des erreurs. Ainsi, lorsque le coût marginal et le bénéfice marginal ne sont pas connus, l'objectif d'une politique publique est de maximiser le bien-être espéré. Dans ce cadre d'analyse où le régulateur doit juger de l'ampleur relative des conséquences de ses erreurs, [13] montre que les gains espérés en termes de bien-être provenant des deux instruments dépendent du ratio des pentes des fonctions agrégées de coût marginal et de bénéfice marginal (ou dommage marginal) associés à une externalité donnée.

Le « théorème de Weitzman » s'énonce comme suit : « si la pente du bénéfice marginal est plus faible que celle du coût marginal, l'instrument prix est en moyenne plus avantageux collectivement que l'instrument quantité, et inversement si cette pente est supérieure ». Weitzman remarque toutefois qu'une plus grande variance de la pente du coût marginal favorise l'instrument quantité. Face à une forte incertitude l'instrument quantité sera souvent préféré par le décideur public car il est générateur d'erreurs moins importantes que l'instrument prix. La question est évidemment de savoir si, en pratique, la courbe de coût marginal est ou non plus pentue que celle du bénéfice marginal lorsqu'on applique ce raisonnement au développement des ENR (l'éolien en particulier).

Plusieurs études récentes (citées par [9] et [8]) font apparaître que la pente de la courbe de bénéfice marginal est plus faible que celle de la courbe de coût marginal (cf. [7] et [12]). En conséquence, l'instrument prix (politique des prix garantis) devrait logiquement être privilégié par la puissance publique, par rapport à l'instrument quantité (politique des quotas). La fonction de coût est croissante dans la mesure où les sites éoliens les plus favorables vont être utilisés en priorité et les sites suivants seront plus coûteux à valoriser. Le bénéfice de l'EV correspond quant à lui aux coûts de production évités de l'électricité conventionnelle (y compris les externalités négatives) et intuitivement on conçoit que la pente de la première courbe puisse être supérieure, en valeur absolue, à celle de la seconde (qui est relativement « plate » puisque le bénéfice marginal de cette substitution est à peu près constant). Cette intuition est corroborée par les résultats empiriques obtenus notamment par les modèles ELGREEN [7] et REBUS [12].

Une représentation graphique de ce cas éolien, où la pente de la courbe de bénéfice marginal est plus faible que celle de la courbe de coût marginal, est donnée par les figures

1, 2, 3 et 4. Par souci de simplification, on considère des fonctions linéaires où les traits pleins indiquent les positions réelles des courbes et les traits en pointillés les positions estimées par le régulateur (estimation au-dessus ou au-dessous des positions réelles).

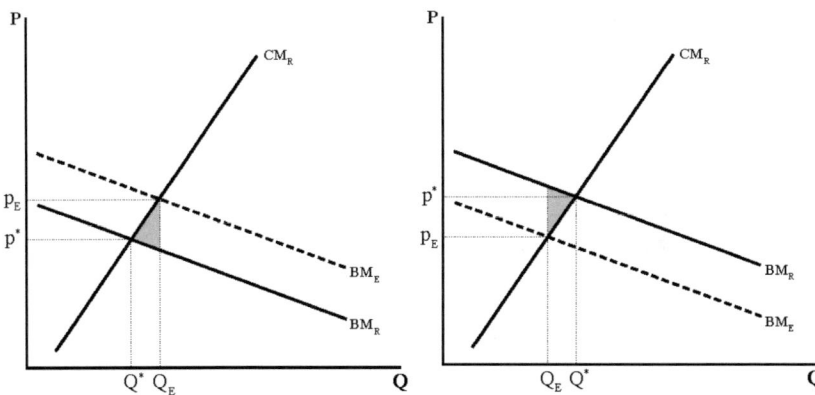

Fig. 1: Incertitude sur la courbe de bénéfice marginal (anticipation haute).

Fig. 2: Incertitude sur la courbe de bénéfice marginal (anticipation basse).

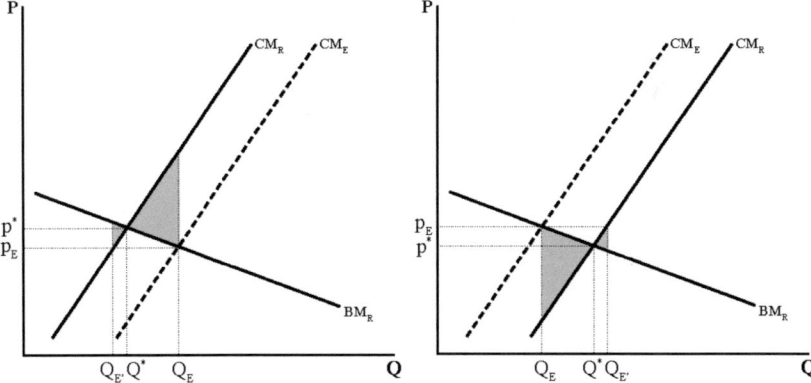

Fig. 3: Incertitude sur la courbe de coût marginal (anticipation basse).

Fig. 4: Incertitude sur la courbe de coût marginal (anticipation haute).

Les figures 1 et 2 représentent les situations où l'incertitude pèse uniquement sur le bénéfice marginal. Dans ce cas, on retrouve le résultat classique que l'incertitude sur les bénéfices n'a pas de conséquence sur le choix de la politique publique d'internalisation des externalités : la perte de bien-être étant la même avec une régulation par les prix ou une régulation par les quantités (les pertes sèches sont représentées en grisé). Les figures 3 et 4 représentent les situations où l'incertitude pèse uniquement sur le coût marginal. Dans ce cas où la pente de la courbe de bénéfice marginal est plus faible que celle de la courbe de coût marginal, il apparaît que les pertes de bien-être sont plus importantes en fixant une quantité Q_E qu'en fixant un prix P_E (indice E signifie "espéré, anticipé" et indice R "réalisé, réel").

Si la littérature théorique nous indique que dans le cas de la promotion des ENR une régulation par les prix serait préférable, dans la pratique, les pays européens n'ont pas choisi systématiquement le mécanisme d'une régulation par les prix. En effet, dans la réalité, le choix d'une politique publique ne se résume pas au choix entre prix et quantités car la conception institutionnelle de chaque instrument engendre différents avantages et inconvénients que le régulateur doit mettre en balance. A ce sujet, un des enseignements de l'économie politique est que la meilleure des politiques économiques, celle qui maximise le bien-être collectif, peut s'avérer inutile si elle n'est pas acceptée par l'ensemble des acteurs. Dans ce qui suit, nous présentons les différents mécanismes de soutien aux ENR en commençant par les mécanismes de soutien obligatoire et en abordant ensuite les mécanismes de soutien volontaire.

3   Les mécanismes de soutien obligatoire

Il existe trois mécanismes de soutien obligatoire applicables au cas de la production d'EV :

- les prix d'achat garantis (les plus anciens et jusqu'alors les plus répandus) ;
- les systèmes d'enchères concurrentielles (utilisés au Royaume-Uni et en France jusqu'en 2000) ;
- les systèmes d'échange de certificats verts (utilisés dans quelques pays comme les Pays-Bas, le Danemark, le Royaume-Uni et l'Italie).

Nous regroupons sous forme de tableaux les avantages et inconvénients de chacun des modes de soutien envisagés.

3.1 Les prix d'achat garantis

Ce système a le mérite d'être souple à mettre en place mais il génère des rentes indues et peut être coûteux pour le consommateur.

Avantages	Inconvénients
Les producteurs d'EV bénéficient d'un revenu stable indépendant des fluctuations du prix de l'électricité conventionnelle. L'existence d'une rente différentielle incite les producteurs à investir dans la R&D (technologies innovantes pour faire baisser les coûts). Les coûts de transaction sont inexistants (cadre réglementaire stable et transparent).	Les tarifs d'achat garantis ne donnent aucune garantie quant à la quantité qui sera produite (risques d'erreurs d'estimation sur la courbe de coût marginal donc sur le coût de l'opération). Rente sous forme de windfall profits pour les producteurs dont le coût marginal est faible (nécessité de prévoir une dégressivité). Système coûteux pour le consommateur (cf. en France 72 % des charges de service public imputables aux tarifs de rachat, CSPE de 4,5 €/MWh). Le surcoût est freiné si le prix de l'électricité conventionnelle s'accroît sur le spot. Le prix garanti ne tient pas compte du coût de défaillance lié à l'intermittence de certaines ENR (e.g. l'éolien).

Tab. 1: Les avantages et les inconvénients des prix d'achat garantis.

3.2 Les systèmes d'enchères concurrentielles

Ce système permet de maîtriser le volume d'ENR à promouvoir mais il est coûteux à mettre en œuvre du fait des enchères et il peut engendrer des effets pervers liés aux comportements des opérateurs.

Avantages	Inconvénients
La puissance publique conserve la maîtrise du volume d'EV injectée sur le réseau (mais ne connaît pas le coût). La puissance publique peut choisir les régions où seront implantées les installations (politique d'aménagement du territoire). La rente différentielle observée avec le système des prix garantis disparaît. Les prix d'offres suivent les coûts marginaux (avec un taux de profit « raisonnable »).	Les réponses aux appels d'offres sont incertaines et le prix de chaque soumissionnaire n'est pas connu ex ante. Les coûts de transaction (organiser les enchères) peuvent être élevés. Système a priori moins rémunérateur pour les producteurs donc moins incitatif. Le coût de défaillance subsiste. Effets pervers des enchères à la hollandaise : Les producteurs ont intérêt à surestimer leur prix d'offre car anticipent la « malédiction du vainqueur » [5]. Les producteurs cherchent à acquérir de l'information sur les offres concurrentes (coûteux). Les producteurs ont intérêt à s'entendre (collusion).

Tab. 2: Les avantages et les inconvénients des systèmes d'enchères concurrentielles.

3.3 Les marchés de certificats verts

Le système des certificats verts est basé sur l'imposition de quotas d'ENR aux producteurs (par exemple, l'Italie qui prévoit une cible de 2 % de renouvelables), et/ou aux fournisseurs (par exemple, le Danemark), et/ou aux consommateurs d'électricité. Concrètement, il est alloué à chaque compagnie d'électricité ayant investi dans le renouvelable un certificat vert par unité d'électricité produite (par MWh). Pour aider les agents à respecter leur quota, les certificats sont négociables à un prix de marché correspondant au coût marginal à long terme du développement des technologies d'ENR. Par l'échange, on garantit la minimisation du coût global de réalisation de l'objectif par l'égalisation des coûts marginaux de production.

Même si à l'heure actuelle, le mécanisme des prix garantis est le système dominant au sein de l'UE, de nombreux économistes considèrent qu'à terme les certificats verts constitueront la norme. Bien que le prix des certificats puisse être soumis à une forte volatilité si le marché est étroit, les certificats verts semblent être l'instrument le plus compatible avec la libéralisation car passant par les mécanismes du marché ce qui permet une allocation optimale des efforts et des ressources. A ce titre, les marchés de certificats verts sont considérés comme plus flexibles, minimisant les coûts pour la collectivité, bénéficiant d'une acceptabilité politique supérieure et semblant à priori pouvoir se marier avec les autres instruments économiques de protection de l'environnement tels que les marchés de permis d'émission et les marchés de certificats blancs (économies d'énergies). Etant donné que de nombreux pays ont déjà fait ou font le choix des certificats verts, le risque de distorsion de concurrence et de superposition de marchés nationaux peut exiger la mise en place d'un système unifié et homogène au niveau communautaire. De plus, nous montrons dans ce qui suit que le système des certificats verts inclut en quelque sorte un système de financement volontaire qui permet d'accroître l'efficacité théorique du choix d'une régulation par les quantités (l'optimum économique pouvant dans certains cas être atteint).

Avantages	Inconvénients
Allocation optimale des efforts ; incite les producteurs les plus performants à développer leur production ; système souple et évolutif. Système facilement généralisable à l'ensemble de l'espace européen ; production localisée dans les régions les mieux adaptées et marché de certificats à l'échelle de l'UE. Système peu coûteux pour le consommateur ; surcoût proportionnel à la consommation d'électricité alors qu'avec les prix garantis le surcoût est forfaitaire. Système de certificats incitatif pour réduire la consommation d'électricité.	Coûts de transaction élevés. Marché parfois étroit, peu liquide avec forte volatilité des prix des certificats. Marché concevable à l'échelle de l'UE mais nécessité de standardiser les certificats et d'améliorer la convergence des prix de gros de l'électricité conventionnelle. Eviter d'attribuer des certificats verts aux installations amorties (effet d'aubaine ou windfall profits) ; difficile en pratique. En cas d'amendes, l'Etat peut être incité à instaurer des barrières à l'entrée aux investissements verts car ces amendes sont une recette budgétaire ; prévoir un compte d'affectation spéciale (aide à la R&D).

Tab. 3: Les avantages et les inconvénients des marchés de certificats verts.

4   Les mécanismes de soutien volontaire

Le consommateur peut être disposé à payer pour augmenter la part d'électricité produite à partir d'ENR. Ce peut être par conviction, par altruisme ou pour se donner bonne conscience et compenser une forme de culpabilité. Toujours est-il que tous les fournisseurs d'électricité en Europe proposent aujourd'hui une option verte à leurs clients. Dans ce qui suit, nous proposons une alternative à ces contrats d'EV qui consiste à laisser la possibilité aux consommateurs (citoyens) de participer au marché de certificats verts.

4.1 Le système du financement volontaire

C'est le mécanisme de soutien volontaire en vigueur qui est basée sur une segmentation du marché de l'électricité (électricité conventionnelle et EV) et une discrimination par les prix. Ainsi, les clients captifs souhaitant payer plus pour les ENR peuvent souscrire à une offre verte et payer l'EV à un prix supérieur au prix de l'électricité conventionnelle.

4.2 La participation des consommateurs au marché de certificats verts

Une des extensions récentes des travaux de Weitzman [13] consiste à intégrer la participation des citoyens (pollués) au mécanisme d'échange de quotas de pollution (cf. entre autres [11] et [10]). Dans ces conditions, les conséquences des erreurs de jugement du régulateur, lors de la fixation du quota global de pollution, peuvent être limitées par la révélation des préférences des pollués. En théorie, la participation des citoyens au marché de permis permet d'atteindre le niveau optimal de pollution par l'achat et la rétention de permis si le niveau de pollution défini en incertitude est supérieur au niveau optimal de pollution. Ainsi, il apparaît qu'un marché de permis est l'instrument qui doit toujours être préféré sauf dans le cas où la courbe de coût marginal de dépollution est plus pentue que la courbe de bénéfice marginal de la dépollution et où sa position réalisée est plus élevée que sa position attendue.

L'application de ce principe au cas de la promotion des ENR signifie que le système des certificats verts inclut en quelque sorte un système de financement volontaire qui permet d'accroître l'efficacité théorique du choix d'une régulation par les quantités. En effet, si le régulateur autorise l'accès au marché de certificats verts à toute personne physique ou morale, celles qui souhaitent augmenter la part des ENR dans la production d'électricité peuvent satisfaire leur demande en achetant et retenant (annuler, détruire) des certificats verts du marché.

Les quatre graphiques présentés précédemment nous permettent d'illustrer comment la participation des citoyens modifie le choix entre une régulation par les prix et une régulation par les quantités dans les cas de la promotion des ENR.

- Figure 1 : la quantité fixée par le régulateur est supérieure à la quantité socialement optimale, les citoyens n'achèteront pas de certificats verts sinon la perte sèche augmente. Donc les pertes sèches sont identiques entre une régulation par les prix et une régulation par les quantités.

- Figure 2 : Les consommateurs peuvent obtenir des gains en termes de bien-être en achetant des certificats verts. En théorie, les citoyens achèteront des certificats jusqu'à atteindre Q^* (quantité socialement optimale) alors qu'avec une régulation par les prix on obtient une perte sèche.

- Figure 3 : la quantité fixée par le régulateur est supérieure à la quantité socialement optimale, les citoyens n'achèteront pas de certificats verts sinon la perte sèche augmente. Une régulation par les prix reste donc toujours préférable.

- Figure 4 : idem figure 2.

En d'autres termes, une régulation par les quantités avec l'autorisation pour les consommateurs d'acheter et retenir des certificats verts permet dans deux cas sur quatre d'atteindre l'optimum économique (l'optimum n'étant jamais atteint avec une régulation par les prix). Il ne reste donc qu'un cas où la perte sèche est la même quelle que soit l'instrument choisi, et un seul cas où une régulation par les prix est théoriquement préférable : lorsque l'hypothèse du régulateur sur les coûts marginaux est supérieure à la réalité. Cela veut dire que les marchés de certificats verts laissent aux consommateurs la possibilité de révéler leurs préférences pour les ENR et donc de corriger dans certains cas les erreurs d'anticipation du régulateur.

Ces résultats sont cependant à nuancer si l'on considère les comportements stratégiques de type free riding (le fait que certains vont laisser les autres acheter des certificats verts à leur place) et le problème des communs (le fait que certains individus vont être découragés par la présumée insignifiance de leur action) qui ont pour conséquence un sous-achat de certificats. D'autre part, ces effets peuvent être contre-balancés par les comportements qualifiés d'impurement altruistes (le fait d'acheter des certificats verts pour son bien-être personnel et avoir le sentiment d'avoir fait quelque chose de bien) et l'aversion au risque qui ont pour conséquence un achat excessif de certificats verts par les consommateurs. Enfin, les marchés de certificats verts sont des marchés d'initiés et les coûts de transaction peuvent décourager les citoyens d'acheter des quotas. Ce problème des coûts de transaction peut être réglé si l'on considère qu'une entité, dans l'idéal un organisme public, mutualise les demandes d'achats de certificats verts des consommateurs (par exemple à partir d'un site Internet pour limiter les coûts de transaction) et agit pour leur compte sur le marché de certificats verts.

Si l'on sort maintenant du débat « prix versus quantités », la participation des citoyens au marché de certificats verts présente de nombreux avantages. En effet, le système des certificats verts avec participation des consommateurs apparaît comme beaucoup plus transparent et économiquement efficace que le système du financement volontaire classique pour les raisons suivantes :

- Les consommateurs sont certains d'avoir contribué à l'augmentation de la place des ENR dans la production électrique à hauteur du nombre de certificats verts achetés.

- Les consommateurs qui ont une préférence pour les ENR paieront un prix déterminé sur un marché (celui des certificats verts), ce qui est économiquement préférable à un prix fixé par des producteurs dans des offres d'EV (discrimination par les prix) qu'il est facile de rendre opaques et difficilement comparables.

- Nul besoin de labels pour crédibiliser les offres des fournisseurs d'électricité verte ou de contrôle indépendants d'où des économies de coûts.

- Les offres d'EV sont amenées à disparaître ainsi que les abus liés à des « stratégies d'écrémage » de la rente du consommateur (les consommateurs verts et altruistes étant des clients captifs).

- Le kWh consommé redevient, conformément à la réalité, un produit homogène « noir et vert » : les électrons verts ne pouvant pas être tracés.

- Un kWh consommé « noir et vert » est préférable car une consommation « virtuelle » d'une électricité toute verte peut réduire les efforts des consommateurs en matière d'économie d'énergie (quoique le surcoût d'une offre d'EV donne une incitation à économiser l'énergie).

- De plus, le retour à un bien homogène (une des conditions de la concurrence pure et parfaite) favoriserait la concurrence entre les fournisseurs et donc la baisse des prix de l'électricité.

5   Résultats et conclusions

Cette comparaison des mécanismes de soutien aux ENR révèle que les marchés de certificats verts ont le mérite de combiner de manière coût efficiente soutien obligatoire et soutien volontaire. Cette particularité découle notamment de la participation des citoyens au marché de certificats verts qui présente de nombreux avantages par rapport aux contrats d'EV.

En ce qui concerne le soutien volontaire, nous remarquerons pour conclure que les bénéfices liés aux offres d'EV sont souvent mal perçus par les consommateurs et il semble important que le régulateur clarifie les choses : quelles sont les externalités négatives visées ? A quoi sert réellement leur contribution ? Contrairement à l'opinion publique et à l'argument de vente avancé plus ou moins directement par certains fournisseurs, les offres d'EV ne permettent pas de baisser les émissions de CO_2. En effet, ces dernières sont plafonnées par le marché européen de permis d'émission de gaz à effet de serre. Ainsi, un consommateur souhaitant faire plus pour la lutte contre le changement climatique ne peut en aucun cas être satisfait par la conclusion d'un contrat d'EV. En effet, les offres crédibles d'EV ou l'achat d'un certificat vert permettent d'augmenter la part des ENR dans la production d'électricité donc de contribuer davantage (les deux principales externalités visées étant la pollution et l'insécurité des approvisionnements) :

- à la baisse des émissions de pollution de SO_2 ou encore de NO_x ;

- à diminuer la part de l'électricité d'origine nucléaire (risque nucléaire, déchets) ;

- et à réduire notre dépendance vis-à-vis des pays producteurs de combustibles fossiles (pétrole, gaz, charbon, uranium).

En d'autres termes, un consommateur souhaitant faire plus pour le changement climatique doit plutôt acheter et retenir des permis d'émission de CO_2 plutôt que de souscrire à une offre d'EV ou d'acheter et retenir des certificats verts. La puissance publique devrait en tenir compte dans la mise en place de sa stratégie environnementale.

Bibliographie

[1]   Adar, Z., Griffin, JM., 1976, "Uncertainty and the choice of pollution control instruments", Journal of Environmental Economics and Management 3, 178–188.

[2]   Arrow, K.J., 1962, "The economic implications of learning by doing", Review of Economics Studies 29, 155–173.

[3]   Arthur, B., 1989, "Competing technologies, increasing returns and lock-in", Economic Journal 99, 116–131.

[4]   Baumol, W.J, (1972), "On taxation and the control of externalities", American Economic Review 62, 307–22.

[5]   Chari, V.V., Weber, R.J., 1992, "How the U.S. Treasury should auction its debt", Federal
      Bank of Minneapolis Quarterly Review Fall, 3–12.

[6]   Dosi, G., 1988, "Sources, procedures, and microeconomic effects of innovation", Journal of
      Economic Literature 26, 1120–1171.

[7]   Huber, R., Haas, R., Faber T., 2001, "Action plan for a Green European Electricity Market
      (ElGreen)", Energy Economics Group, IPSEE, University of Technology, Vienna.

[8]   Ledein, E., 2003, "Feed-in Tariffs versus certificats verts : une analyse économique
      comparative", Ecole Polytechnique et Tractebel, Department of International Public Affairs,
      Bruxelles, juin.

[9]   Ménenteau, P., Finon, D., Lamy, M.L., 2001, "Prix versus quantités : les politiques
      environnementales d'incitation au développement des énergies renouvelables", Cahiers de
      Recherche de l'IEPE, N° 25, Université de Grenoble.

[10] Rousse, O., 2008, "Environmental and economic benefits resulting from citizens'
      participation in CO_2 emissions trading: an efficient alternative solution to the voluntary
      compensation of CO_2 emissions", Energy Policy 36, 388–397.

[11] Shrestha, R.K., 1998, "Uncertainty and the choice of policy instruments: a note on Baumol
      and Oates propositions", Environmental and Resource Economics 12, 497–505.

[12] Voogt, M., Boots, S., Martens, J.W., 2000, "Renewable electricity in a liberalized market:
      the concept of green certificates", Energy and Environment 11, 65–79.

[13] Weitzman, M.L., 1974, "Prices vs. quantities", Review of Economic Studies 41, 477–491

Kommunen als Akteure im Klimaschutz

Deutschland und Frankreich im Fokus

Lioba MARKL, Dr. Nurten AVCI

Europäisches Institut für Energieforschung (EIFER)
Emmy-Noether-Str. 11, 76131 Karlsruhe, Deutschland
E-Mail: liobamarkl@eifer.org, Tel.: +49 (0)721 6105 13 11

Kurzfassung

Das Forschungsvorhaben beleuchtet den Spielraum für Klimaschutzmaßnahmen (Klimaschutz, nicht -anpassung) auf kommunaler Ebene in Deutschland und in Frankreich. Dafür werden die Handlungsachsen, die Akteure, die rechtlichen Rahmenbedingungen, sowie vorhandene Instrumente zur Entscheidungsunterstützung vorgestellt und Ansatzpunkte zu deren Weiterentwicklung herausgearbeitet. Trotz unterschiedlicher Ausgangsbedingungen in den beiden Ländern (zentrale Gesetzgebung versus Föderalismus, grenelle de l'environnement versus Klimaschutzpaket, weiße Zertifikate in Frankreich versus CO_2-Minderungsprogramm für die Gebäudesanierung Deutschland), gibt es gemeinsame Tendenzen und parallele Handlungsoptionen.

Auf internationaler, europäischer und nationaler Ebene werden Klimaschutzmaßnahmen diskutiert und Einsparziele festgesetzt, doch konkrete Handlungsmöglichkeiten liegen auf kommunaler Ebene. Der steigende Wille sich auf kommunaler Ebene für den Klimaschutz zu engagieren und zu einer CO_2-Minderung zu verpflichten, ist sowohl in Deutschland als auch in Frankreich sichtbar. In Deutschland sind viele Kommunen Mitglied im „Klimabündnis Europäischer Städte", bei „ICLEI-Local Governments for Sustainability" oder haben die Aalborg Charta von 1994 unterzeichnet. In Frankreich zeigt sich diese Motivation stärker durch das (vom Staat geförderte) Verfassen von lokalen „Plans Climat".

Der Einflussbereich der Kommunen für eine verbesserte Energieeffizienz und Reduktion der Treibhausgase umfasst jeweils die Handlungsachsen kommunales Energiemanagement, Implementierung von dezentralen Anlagen zur Erzeugung von erneuerbarer Energie, öffentliche Beschaffung, Abfallwirtschaft, Beeinflussung von Haushalten und Industrie durch Vorgaben der Bauleitplanung, durch Öffentlichkeitsarbeit und durch Energieberatungsangebote, sowie die Entwicklung und Umsetzung von nachhaltigen Mobilitätskonzepten. Gerade der Bereich der öffentlichen Gebäude birgt ein wichtiges Potential für Energieeinsparmaßnahmen. Hier kann die Kommune am direktesten intervenieren und es gibt einen Multiplikatoreffekt durch die Vorbildwirkung.

Die Instrumente zur lokalen Umsetzung der Ziele in beiden Ländern, wie Bauleitplanung und Förderprogramme in Deutschland und SCoT (Schéma de Cohérence Territoriale) und PLU (Plan local d'urbanisme) in Frankreich werden verglichen bezüglich Zuständigkeitsbereich, Handlungsspielraum und induzierten Mechanismen. Die Entwicklung von Handlungsoptionen werden anhand der Gesetzgebung zu Public Private Partnerships illustriert, die in Frankreich durch die Ordonnance 2004-559 und die MAPPP (mission d'appui à la réalisation des contrats de partenariat) erst seit relativ kurzer Zeit ermöglicht und gefördert werden. In Deutschland wird eine Partnerschaft zwischen öffentlicher Hand und privaten Partnern schon länger praktiziert, doch die Fragestellungen überschneiden sich zum Teil.

Ein besonderes Augenmerk des Forschungsvorhabens gilt der Entscheidungsfindung in Kommunen. Die Entscheidungen werden unter Unsicherheit unter Einbeziehung verschiedener Ziele getroffen, viel hängt vom lokalen Kontext ab. Gerade in kleinen Kommunen fehlen oft die Mittel für notwendige Maßnahmen und oft auch die Informationen für eine optimierte Lösung. Es gibt Unterstützung durch Berechnungsblätter und Formulare, Labels, Leitfäden, Tools zum Energiemanagement, zur Bilanzierung und zur Simulierung verschiedener Optionen. Diese decken jeweils Teilentscheidungsbereiche und oft nur Teilziele ab. Multikriterielle Entscheidungsunterstützungssysteme dagegen bieten ein wichtiges Potential für mehr Transparenz und eine optimierte Ausschöpfung der Potentiale auf kommunaler Ebene. Das Forschungsvorhaben untersucht die Randbedingungen für die Entwicklung eines passenden Instruments in beiden Ländern.

Stichworte

Kommune, Klimaschutz, Frankreich, Deutschland, Administration

1 Einleitung

Der anthropogen verursachte Klimawandel stellt die Menschheit vor eine große Herausforderung. Zum einen müssen Strategien zur Anpassung an neue klimatische Bedingungen entwickelt werden, zum anderen Maßnahmen ergriffen werden, um die Treibhausgasemissionen zu senken und damit den Klimawandel zu vermindern. Der vorliegende Artikel konzentriert sich auf den Aspekt der Vermeidung des Klimawandels.

Dieser wird auf verschiedenen politischen Ebenen diskutiert. Das Kyoto-Protokoll (1997) und die folgenden Klimakonferenzen (Johannesburg 2002, Bali 2007) zeigen die multilateralen Bestrebungen, um weltweit eine Minderung des CO_2-Austoßes zu erzielen.

Im März 2007 (Gipfeltreffen der Staats- und Regierungschefs der EU am 08.03.2007) hat der Europäische Rat die Beschlüsse gefasst bis 2020 die Treibhausgase um 20 %

gegenüber 1990 zu reduzieren, die Energieeffizienz um 20 % zu steigern und den Anteil der erneuerbaren Energien auf 20 % auszubauen. Deutschland hat sich verpflichtet, seine Treibhausgasemissionen bis 2020 um 40 % gegenüber 1990 zu verringern. Frankreich strebt zum einen eine Reduktion um 30 % bis 2020 an und zum anderen den sogenannten „Facteur 4", das heißt eine Verminderung auf 25 % bis zum Jahr 2050. Um diese ehrgeizigen Ziele zu erreichen, müssen Akteure auf allen Ebenen aktiv werden, bis zur kommunalen Ebene.

Auf europäischer Ebene wird zunehmend mehr Augenmerk auf lokale Aktionen zum Klimaschutz in Kommunen gelegt. Ein Beispiel ist die Richtlinie 2002/91/EG des Europäischen Parlaments und des Rates vom 16. Dezember 2002 über die Gesamt-energieeffizienz von Gebäuden, das direkt am lokalen Maßstab ansetzt.

Auf kommunaler Ebene ist der steigende Willen, sich für den Klimaschutz zu engagieren, an vielen Stellen sichtbar. Viele Kommunen haben sich zu einer CO_2-Minderung verpflichtet und sind zum Beispiel Mitglied im „Klimabündnis Europäischer Städte" im Internationalen Rat für kommunale Umweltinitiativen (ICLEI)" geworden oder nehmen am European Energy Award teil. Städte und Gemeinden sind laut Deutscher Städtetag (2007) von den zu erwartenden Klimaänderungen in vielfacher Hinsicht unmittelbar betroffen. Ihnen kommt außerdem eine besondere Rolle im Klimaschutz zu, da sie die staatliche Ebene am nächsten beim Bürger sind. Gerade die öffentlichen Liegenschaften, wie Schulen, Rathäuser etc. werden von Bürgern im täglichen Leben wahrgenommen. Zudem haben die Kommunen Einfluss auf kommunale Wohnungs-baugesellschaften und sind gleichzeitig Kunden und Anbieter im Energiesektor. Schüle vom Wuppertalinstitut (2007) fasst die verschiedenen Facetten als die vier Rollen „Verbraucher und Vorbilder", „Planer und Regulierer", „Versorger und Anbieter", sowie „Berater und Promoter" zusammen. Fokus des Artikels ist der Vergleich zwischen der Umsetzung in Deutschland und Frankreich, der im Folgenden ausgeführt wird.

2   Handlungsrahmen für Klimaschutz auf kommunaler Ebene

Kommunen können in ganz verschiedenen Bereichen für den Klimaschutz aktiv werden. Sowohl die *pflichtigen Selbstverwaltungsaufgaben* (Straßenbau, Wasser- und Energieversorgung, Abfallverwertung, Stadt- und Raumplanung), als auch die *Pflichtaufgaben zur Erfüllung nach Weisung* (Feuerschutz, Landschaftsschutz, Bauaufsicht) umrahmen in Deutschland das Handlungsspektrum für den Klimaschutz. Große Handlungspotentiale befinden sich in den Liegenschaften der öffentlichen Hand. Durch ein konsequentes Energiemanagement sind meist schon große Energie-einsparungen zu erzielen. Andere Ansatzpunkte für den Klimaschutz sind der Einkauf der öffentlichen Hand, sowie die Information/Sensibilisierung von Bürgern, sowie Gewerbe. Abbildung 1 gibt einen Überblick über die verschiedenen Felder.

Abb. 1: Handlungsbereiche für Klimaschutzmaßnahmen in Kommunen (eigene Darstellung).

2.1 Kleine Chronik des Klimaschutzes auf kommunaler Ebene

Die Rolle der Kommune im Klimaschutz wurde in den letzten 20 Jahren hervorgehoben. Die Gründung von ICLEI (Internationaler Rat für Kommunale Umweltinitiative) 1990 lässt sich als Startpunkt ansehen. ICLEI betrachtet sich selbst als Kommunalverband, ein Zusammenschluss von Städten, Gemeinden, Kreisen, Stadt-Umland-Verbänden und Regionen aus aller Welt. ICLEI-Europe verfügt über ein Europasekretariat mit Sitz in Freiburg und ist zudem ein Netzwerk von Städten und Koordinator von Städte-kampagnen. Er arbeitet in Europa wie in allen anderen Teilen der Welt als internationale Umweltagentur der Kommunen.

Weitere Netzwerke und Kampagnen entstanden parallel und in den darauf folgenden Jahren: Climate Alliance (1990), EnergieCités (1990), ESCTC (The European Sustainable Cities & Towns Campaign), European Energy Award (2003) und der Covenant of Mayors (2008[1]).

Parallel setzen folgende Konferenzen Meilensteine:

1992 tagte die Konferenz der Vereinten Nationen über Umwelt und Entwicklung in Rio de Janeiro. Hier wurde das Konzept der Agenda 21 definiert, aus der die Lokalen Agendas für Nachhaltigkeit in Kommunen hervorgingen. Eine Lokale Agenda 21 ist ein Handlungsprogramm, durch das die Nachhaltigkeit in einer Kommune gefördert wird. In Deutschland ist es ein wichtiges Mittel der Bürgerbeteiligung.

Vom 24.-27. Mai 1994 fand im dänischen Aalborg die Europäische Konferenz über zukunftsbeständige Städte und Gemeinden statt. An ihrem Ende beschlossen die mehr als 600 Teilnehmer die sogenannte Charta der Europäischen Städte und Gemeinden auf dem Weg zur Zukunftsbeständigkeit („Charter of European Cities & Towns Towards Sustainability") oder kurz Charta von Aalborg. Sie wurde 2004 durch die 10 „Aalborg commitments" weiter bestärkt.

2.2 Fokus Deutschland und Frankreich

Bemerkenswert ist die große Anzahl an Städten in Deutschland, die den verschiedenen Kampagnen beitreten, während in Frankreich nur EnergieCités weit verbreitet ist.

- **ICLEI** (International Council for Local Environmental Initiatives): 23 Städte in Deutschland (D), 9 in Frankreich (F) (von 1 052 Mitgliedern, iclei 2009)
- **Climate Alliance**: 436 in D, 4 in F (von 1 426, Climate Alliance 2009)
- **EnergieCités**: 9 in D, 58 in F (von 1 000, énergieCités 2009)
- **European energy award**: 95 in D, 8 in F (von 427, EEA 2009)

Die 10 „Aalborg commitments" wurden von 83 Städten in Deutschland und 42 Städten in Frankreich (von 550 Kommunen weltweit, ESCTC 2009) unterzeichnet.

Dies spiegelt zum einen den Willen zum Handeln der deutschen Kommunen wider, die in der Vernetzung eine Chance sehen ihren Handlungsspielraum zu erweitern. Sie sind durch die enge Haushaltslage eingeschränkt und erhoffen sich Beratung und Unterstützung für ihre Klimaschutzprojekte. Sie sehen die Netzwerke als Lobbyisten für ihre

---

[1] Die unter dem englischen Titel „Covenant of Mayors" laufende Initiative der Europäischen Kommission, ein Bündnis von Städten und Gemeinden in Europa mit engagierten Klimaschutzzielen, wird als Priorität des EU-Aktionsplans für Energieeffizienz nun umgesetzt. Die teilnehmenden Städte verpflichten sich in der Beitrittserklärung unter anderem dazu, in ihren Städten und Gemeinden über die 2020 Ziele der EU hinauszugehen und einen Aktionsplan für nachhaltige Energie vorzulegen.

Interessen. Zum anderen ist die Diskrepanz damit zu erklären, dass in Frankreich mehr Kompetenzen auf höherer Ebene angesiedelt sind und somit die Kommunen weniger eigenen Handlungsfreiraum sehen.

Auch der Weg der Agenda 21 ist in Deutschland und Frankreich grundverschieden. In Deutschland gab es 2006 bundesweit 2610 kommunale Beschlüsse zur lokalen Agenda 21. Das entspricht 20,5 % der Gesamtzahl von Städten, Gemeinden und Landkreisen in Deutschland (insgesamt 12.753) (agenda-transfer 2006). Innerhalb der Bundesländer kommt es dabei zu erheblichen Schwankungen. Und ein Beschluss zur Lokalen Agenda 21 allein sagt noch nichts darüber aus, ob eine Gemeinde nun wirklich einen Agenda-Prozess vorantreibt und wie weit der Prozess fortgeschritten ist. Wichtiger ist eine Qualitätsanalyse der einzelnen Agenda-Prozesse, die aber immense Schwierigkeiten in sich birgt, da hier auf qualitative Erhebungsmethoden zurückgegriffen werden muss (Ruschkowski 2002). Laut (Kienzlen 2007) (KEA, Vortrag vom 25.11.07) gibt es nur wenige erfolgreiche Umsetzungen. Es sei schwierig, relevante Akteure einzubinden, die Verwaltungen stellten oft eine Blockade dar und die konkrete Umsetzung von Aktionen werde häufig behindert. Die Bauleitplanung kann hier Hindernisse kreieren, aber auch aufheben. In den letzten Jahren wurden die Agenda 21-Prozesse tendenziell von Klimaschutzinitiativen abgelöst.

In Frankreich gab es zwischen 1996 und 2000 nur sehr wenige lokale Agenda-Prozesse. Deshalb beschloss die nationale Regierung 2003 in der nationalen Strategie für Nachhaltige Entwicklung (*Stratégie nationale de développement durable*, SNDD). Darin wurde das Ziel festgelegt 500 lokale Agendas bis 2008 zu umzusetzen. Dieses Ziel wurde erreicht, allerdings sind davon nur 150 Agendas auf kommunaler Ebene, die anderen in Verbänden von Kommunen, *Départements* oder *Régions*[2].

3   Klimaschutz in Kommunen in Deutschland und Frankreich

3.1 Administrativer Rahmen

Die politische Ebene "Kommune" ähnelt in vielen Bereichen der Welt bei weitem nicht dem deutschen Bild, selbst innerhalb Europas bestehen gewaltige Unterschiede bei Kommunalverfassung, Kompetenzzuschnitt, Organisationsgrad oder Finanzausstattung.

In Deutschland, gibt es 16 Bundesländer, 12.295 Städte und Gemeinden, davon 80 Großstädte Die politische und gesellschaftliche Maxime der Subsidiarität stellt Selbstverantwortung vor staatliches Handeln. Demnach sind bei einer staatlich zu lösenden

---

[2] http://www.agenda21france.org/france,5.html, 23/02/09

Aufgabe zuerst und im Zweifel die untergeordneten, lokalen Glieder wie Stadt, Gemeinde oder Kommune für die Umsetzung zuständig, während übergeordnete Glieder zurücktreten.

Gleichzeitig waren die letzten Jahre durch ein großes Defizit in den kommunalen Haushalten charakterisiert. 2003 war das Jahr des Rekorddefizits von 8,5 Mrd. € (Karrenberg/Münstermann 2005). Durch den Rückgang der kommunalen Investitionen um über 40 % seit 1992 hat sich ein erheblicher Investitionsstau aufgetürmt, der auch durch die leicht verbesserte Finanzsituation nicht problemlos abgetragen werden kann. Das Deutsche Institut für Urbanistik (Difu) in Berlin hat errechnet, dass der Bedarf kommunaler Infrastrukturinvestitionen allein um die Funktionsfähigkeit zu erhalten (sog. Ersatzinvestitionen) zwischen 2000 und 2009 insgesamt rund 686 Mrd. € beträgt. Davon entfallen 41 Mrd. € auf die Stromversorgung (Reidenbach u.a. 2002: S. 27ff).

In Deutschland werden zwei Drittel aller öffentlichen Ausgaben in Kommunen getätigt und 75-90 % der nationalen Gesetze ausgeführt. Gemessen am Grad der finanziellen Autonomie und der Kompetenzen sowohl der Verwaltung als auch der Politik sind die Kommunen die am schlechtesten ausgestattete politische Ebene, da sie laut Grundgesetz den Ländern unterstehen (Bogumil/Holtkamp 2006: 9).

In Frankreich dagegen gibt es eine zentralistischere administrative Struktur. Ein Großteil der Gesetze wird auf nationaler Ebene verabschiedet. Weitere Kompetenzen sind auf den verschiedenen Ebenen *Région* (26), *Département* (100) und *Kommune* (36 682) angesiedelt. Es gab keine Gebietsreform wie in Deutschland, deshalb ist die Anzahl der Kommunen bei insgesamt geringerer Bevölkerung höher. Dazu gibt es noch verschiedene Verbünde von Kommunen (25 000 *établissements publics de coopération inter-communale*[3]). Seit den Dezentralisierungsgesetzen von 1982 werden mehr Kompetenzen von der nationalen Ebene an die Regionen abgegeben. Vorher wurde jedes *Département* von einem direkt von der Regierung ernannten Präfekten geleitet. 1982 wurden von der Regierung weitreichende fiskalische und administrative Rechte an lokal gewählte Vertreter abgetreten. Die Dezentralisierung Frankreichs schreitet langsam aber sicher voran. Seit dem 28. März 2003 besagt ein Zusatz zu Artikel 1 der Verfassung, dass die staatliche Organisation Frankreichs dezentralisiert sei. Die wirtschaftliche Kräfteverteilung weist dennoch eine starke Zentralisierung hin zum Pariser Becken (Île-de-France) auf.

---

[3] Les syndicats intercommunaux, les syndicats mixtes, la communauté urbaine, la communauté d'agglomération, la communauté de communes, le syndicat d'agglomération nouvelle

3.2 Wichtigste Gesetze und Programme für den Klimaschutz in Kommunen

3.2.1 Frankreich

Infolge des Kyoto-Protokolls (1997) und Frankreichs Selbstverpflichtung zur CO_2-Einsparung wurde 2000 das nationale Programm zum Kampf gegen den Klimawandel verabschiedet (*Programme national de lutte contre le changement climatique*). Die Einsparziele wurden per Sektor quantifiziert. Es wurde explizit auf die territoriale Verankerung Bezug genommen, die Rolle der lokalen Gebietskörperschaften wurde jedoch noch nicht hervorgehoben. Parallel wurde das Instrumentarium für die lokale Stadt- und Bauplanung durch das Gesetz SRU *(Solidarité et renouvellement urbain,* Solidarität und Stadterneuerung) reformiert:

Der *plan local d'urbanisme* (PLU, lokale Stadtplanung) ist nunmehr das wichtigste Dokument für die Stadtplanung auf Ebene der Kommunen oder Verbünden von Kommunen. Seit 2000 löst er den *plan d'occupation des sols* (Bodennutzungsplan), der „von oben" geregelt wurde. Für die Kommunen gibt es damit mehr Spielraum, Ziele der nachhaltigen Entwicklung konzertiert umzusetzen, z.b. durch das Planen von nachhaltigen Vierteln. Sie müssen sich das neue Instrument allerdings erst noch zu Eigen machen.

Eine andere Neuerung der Reform sind die sogenannten *schéma de cohérence territoriale* (SCOT, Schema der territorialen Kohärenz). Durch sie wird auf der Ebene der Kommunen oder in Verbünden von Kommunen, die Verteilung von städtischen, industriellen, touristischen, landwirtschaftlich genutzten und naturbelassenen Zonen festgelegt und damit die verschiedenen Ziele der Wohnraum- und Transportpolitik und der wirtschaftlichen Entwicklung koordiniert.

In einer ersten Evaluierung der Ergebnisse des nationalen Programms zur Bekämpfung des Klimawandels von 2000 wurden die Ergebnisse als nicht ausreichend eingestuft. Deshalb wurde 2004 ein neuer nationaler Klimaschutzplan aufgestellt und 2005 (loi POPE) das ehrgeizige Ziel des „*Facteur 4*", der Reduktion der Treibhausgase von 1990 auf ein Viertel bis 2050, definiert. Die Wichtigkeit der lokalen Gebietskörperschaften wurde erkannt. Dies soll durch die Erstellung von lokalen Klimaschutzplänen (*Plan Climat Energie Territorial*, PCET) seit 2004 umgesetzt werden. Gleichzeitig wurde die erste Phase des Handels mit weißen Zertifikaten gestartet. Vom 01.07.05 bis 30.06.09 sollten 54 TWh Endenergie eingespart werden (Verpflichtung der Energiekonzerne). Diese Endenergieeinsparungen können in allen Verbrauchssektoren durchgeführt werden, auch Transport. Die territorialen Gebietskörperschaften können auch weiße Zertifikate erwerben und an die verpflichteten Unternehmen verkaufen. Dies ist ein zusätzlicher

Anreiz zur Energieeffizienz, spielt aber in der momentanen Pilotphase noch keine so große Rolle.

2007 fand die *Grenelle de l'environnement* statt. Vertreter ganz verschiedener Interessensgruppen tagten zusammen und einigten sich auf ehrgeizige Absichtserklärungen. Das Ereignis fand sehr großes Medienecho. 2008 gab es ein erstes Gesetz zur Umsetzung der Ziele. Unter anderem sollen alle Kommunen mit mehr als 50 000 Einwohnern bis 2012 lokale Klimaschutzpläne umsetzen. Die Modalitäten werden 2009 in dem Gesetz Grenelle II genauer definiert.

Dies ist ein typisches Beispiel für die Politik in Frankreich, in der auf zentraler Ebene die Ziele vorgegeben werden, während in Deutschland die Initiativen eher von unten kommen. Aktuell ist das Thema Nachhaltige Viertel (*Ecoquartier*) ganz oben auf der Agenda. Bis Ende März 2009 wurde ein Wettbewerb durch das MEEDDAT (*Ministère de l'Ecologie, de l'Energie, du Développement Durable et de l'Aménagement du Territoire*, Umweltministerium) ausgeschrieben, an dem sich die Kommunen/Städte beteiligen sollen, um beispielhafte Ökosiedlungen auszuweisen.

Der Stand der Umsetzungen der lokalen Klimaschutzpläne (PCET, siehe Abbildung 2) in Frankreich zeigt die im Jahr 2008 noch eher geringe Anzahl.

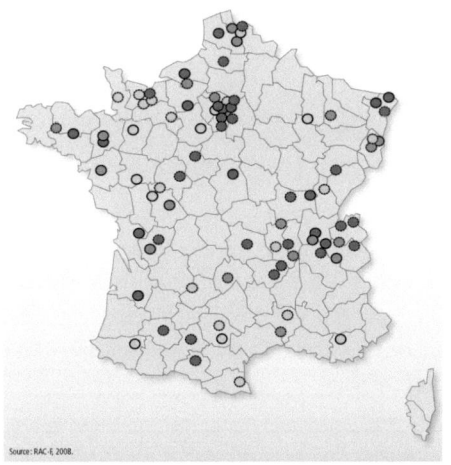

○ PCET validé

☼ PCET en projet ou en cours

Échelon territorial :

● Collectivités territoriales
(Régions, Départements, communes
+ Dom-Tom (CR Réunion))

● Intercommunalités
(Communautés Urbaines,
Communautés d'Agglomérations...)

● Territoires de projet
(Pays et leurs groupements, PNR, SCoT)

Abb. 2: Umsetzung der PCET, Stand Mai 2008 (Réseau Action Climat France 2008).

3.2.2 Deutschland

In Deutschland umfasst das Instrumentarium für den Klimaschutz sowohl Reglementierung, als auch Förderungsmechanismen und Marktanreize.

Ein Meilenstein war das Integrierte Energie- und Klimaprogramm (IEKP), das 2007 in Meseberg beschlossen wurde. Es beinhaltet die Verschärfung der Energieeinsparverordnung, den Ausbau der Kraft-Wärme-Kopplung und des EEG, die Novellierung der Heizkostenverordnung, das Erneuerbare-Energien-Wärmegesetz (EEWärmeG), das den Anteil erneuerbarer Energie in der Wärmeversorgung im Neubau vorschreibt, die Förderung des CO_2-Gebäudesanierungsprogramms und das Marktanreizprogramm für die Bestandsförderung, sowie die Förderung von Forschung und Innovation.

Ein besonderes Augenmerk auf die Kommunen findet sich in der Klimaschutzinitiative des Bundesumweltministeriums. 2008 gingen von dem Gesamtbudget für nationale Maßnahmen (280 Mio. €) 25 Mio. € an Kommunen, kulturelle und soziale Einrichtungen. Von den Kommunen wird folgendes Engagement erwartet (Müschen 2008): die neue Rolle als Moderator für Maßnahmen wahrnehmen, neue Finanzinstrumente nutzen, private Investoren einbeziehen und Investitionsmaßnahmen und Nutzerintegration kombinieren.

Städte, Gemeinden und Landkreise, genauso wie Kirchen, Hochschulen, gemeinnützige Vereine und kulturelle Einrichtungen können eine Förderung für folgende Klimaschutzmaßnahmen beantragen:

- Klimaschutzkonzepte,
- Klimaschutztechnologien bei der Stromnutzung,
- Klimaschutz-Modellprojekte mit dem Leitbild der CO_2-Neutralität.

Weitere Unterstützung kommt von der Deutschen Umwelthilfe. Sie schreibt immer wieder Wettbewerbe wie die „Klimaschutzkommune 2009" aus und fördert zahlreiche Informations- und Öffentlichkeitsarbeitsprojekte wie die Auszeichnung als Solarkommune, das Programm SolarLokal, die „Tatenbank Energiekommunal", die erfolgreiche Beispiele von Aktionen von Städten zeigt. Die Kreditanstalt für Wiederaufbau (KfW) vergibt Kommunalkredite für Klimaschutzmaßnahmen.

Das Ergebnis sind vor allem individuelle Strategien und Initiativen und eine große Bandbreite an verschiedenen Lösungen. Insgesamt gibt es noch viel ungenutztes Handlungspotential.

Es gibt vereinzelte Bioenergie- oder 100 % Erneuerbare Energien-Dörfer. Dieses Konzept ist jedoch nicht direkt auf den städtischen Kontext mit der dort angesiedelten Industrie zu übertragen. Der städtebauliche Vertrag gibt Möglichkeiten vor, energetische

Lösungen vorzuschreiben. Das Vellmarer Modell (2002) zum Beispiel gibt eine Baupflicht für solarthermische Anlagen vor. In Marburg (2008) wurde eine Solarsatzung eingeführt, nach der Hausbesitzer einer flächendeckenden Pflicht für solarthermische Anlagen nachkommen, wenn sie Dächer sanieren, anbauen oder Heizungen austauschen.

3.2.3 Vergleich

In Deutschland sind auf allen Ebenen (Bund, Land, Kommune) Akteure angesiedelt, die die Klimaschutzpolitik in der Kommune beeinflussen. Insgesamt gibt es dennoch mehr Kompetenzen auf lokaler Ebene als in Frankreich. Wir können von einem Bottom-up-Ansatz sprechen. Individuelle Initiativen werden von überzeugten Politikern, aber auch Bürgern umgesetzt. Die Kommunen sind tendenziell öfter in europäischen Netzwerken verankert. Dies kann eine Strategie sein, die geringen finanziellen Mittel auszugleichen.

Ein anderes Mittel zur Überbrückung des Haushalts sind Public Private Partnerships. Die gibt es in Deutschland seit den 90er Jahren. Zunächst wurden sie vor allem im Transport eingesetzt, in den letzten Jahren gab es zahlreiche Energieeinsparcontracting-Projekte, in denen die öffentlichen Gebäude von privaten Unternehmen energetisch modernisiert wurden. Dieses Instrument stößt auf sehr geteiltes Echo. Während die dena (Deutsche Energieagentur) aktiv dafür wirbt, sind zahlreiche Kommunen (z.B. Stuttgart) der Überzeugung, in Eigenerstellung lässt sich ein besseres Ergebnis erzielen.

In Frankreich werden die Initiativen weitgehend vom Staat vorgegeben. Politische Leitbilder werden in einem Top-down-Ansatz vorgegeben. Gleichzeitig finden sich in den Kommunen, die die größten Fortschritte erzielt haben, wiederum sehr engagierte Politiker, die den wachsenden Spielraum nutzen. Die strikte Aufgabenteilung wird langsam aufgelöst, so wird etwa die Raumplanung von oben (schéma directeur) und von unten (SCoT) durchgeführt.

Public Private Partnerships gibt es in Frankreich erst seit der Ordonnance 2004-559. Die MAPPP (*mission d'appui à la réalisation des contrats de partenariat*) wurde vom Finanzministerium gegründet, um diese neuen Verträge zu fördern. 2009 gab es die ersten Einsparcontracting-Projekte mit Schulen. Es wird ebenfalls als Mittel gesehen, um trotz knapper Kassen energetische Modernisierungen vornehmen zu können.

3.3 Fazit

3.3.1 Gemeinsamkeiten

Die Größe der Kommune ist in beiden Ländern ein wichtiger Faktor. Die Mittelausstattung mit Personal und Budget ist in kleinen Kommunen sehr eingeschränkt. Gleichzeitig ist häufig eine größere Flexibilität vorhanden und einzelne motivierte Personen können sehr viel bewirken. Große Städte können in vielerlei Hinsicht auf die hohe Fachkompetenz ihrer Verwaltungen zurückgreifen, haben dabei aber längere und schwierigere Umsetzungsprozesse zu bewältigen. Die Trennung zwischen Politik und Verwaltung verkomplizieren in beiden Ländern die Umsetzung von Klimaschutzmaßnahmen.

Es gibt eine Reihe von Hemmnissen, die in beiden Ländern genannt werden (Laborgne et al. 2008):

- Investitionshindernisse,
- Informationsdefizite,
- Politische Prioritäten,
- Kompetenzschnittstellen,
- Mangel an Personal,
- Kurzfristige Budgetentscheidungen,
- Denkmalschutz,
- Nutzer-Investor-Dilemma,
- Mangelnde Qualifikationen des Fachhandwerks,
- Mangelnde Evaluierung.

3.3.2 Erfolgsfaktoren für Kommunen

Da die Hemmnisse trotz unterschiedlichen Rahmenbedingungen recht ähnlich beschrieben werden, können auch die Erfolgsfaktoren als für beide Länder gültig angesehen werden. Sie lauten:

- Bündelung der Verantwortlichkeiten (Institutionalisierung, Kommunikationswege),
- Konsequente Pflege einer Energiedatenbank,
- Langfristige strategische Planung,

- Regelmäßige Erfolgskontrolle,
- Prüfung von Förderangeboten,
- Einbindung Externer,
- Öffentlichkeitsarbeit,
- Darstellung von Win-Win-Strategien.

In beiden Ländern wird die Bedeutung der lokalen Ebene erkannt. In Frankreich wird aktuell der Spielraum für die Gebietskörperschaften etwas erweitert, die Richtungen und Leitbilder werden jedoch weiter von oben vorgegeben. In Deutschland werden eine Reihe von Förderprogrammen aufgelegt und Kommunikationskampagnen ausgeführt. Die Umsetzung ist aber recht heterogen.

Der wichtigste Aspekt für Kommunen in beiden Ländern ist der Zugang zur Information zur Entscheidungsfindung, sowie die Strategien für Mittelakquise.

In Deutschland gibt es eine Vielzahl von lokalen Energieagenturen zur Informationsbereitstellung, sie können jedoch auch nicht garantieren, dass die Kommunen wirklich einen integrierten, langfristigen Ansatz als Strategie wählen. Teilweise herrscht auch Verwirrung in Anbetracht der so verschiedenen Angebote und der sich schnell ändernden Gesetzeslage.

In Frankreich ist die Beratungslandschaft einheitlicher, es gibt vor allem die ADEME, die nationale Energieagentur, mit ihren regionalen Antennen. Die Entscheidungen für Klimaschutzmaßnahmen hängen stark von den individuellen Politikern und Verwaltungsangestellten ab.

Literaturverzeichnis

[1] agenda-transfer (2006): Impulse für die kommunale Nachhaltigkeit. Beratungsbroschüre. Bonn.

[2] Bogumil, Jörg / Holtkamp, Lars (2006): Kommunalpolitik und Kommunalverwaltung. Eine policyorientierte Einführung. VS Verlag für Sozialwissenschaften: Wiesbaden.

[3] Bogumil, Jörg / Jann, Werner (2005): Verwaltung und Verwaltungswissenschaft in Deutschland. Eine Einführung in die Verwaltungswissenschaft. VS Verlag für Sozialwissenschaften: Wiesbaden.

[4] Bolay, Sebastian (2006): Kommunale Akteure: Ausgangslage, Interessen, Anreize und Handlungen – eine Literaturauswertung. Arbeitspapier 1. Strategische Kommunale Energiepolitik zur Nutzung Erneuerbarer Energieträger (skep): Berlin/Potsdam.

[5]   Bühner, Petra (dena) (2008): "Energieeffizienz im öffentlichen Sektor: Potenziale und
      Instrumente", Ravensburg Dena-Kommunal-Dialog, 06.03.08.

[6]   Burger, Simon (Deutscher Städte- und Gemeindebund) (2008): „Energiemanagement als
      Herausforderung für kleine und mittlere Kommunen" Präsentation auf der Fachtagung
      kommunale Energiebeauftragte" in Kaiserslautern, 07.-08.04.08.

[7]   Deutscher Städtetag, Deutscher Städte- und Gemeindebund, Deutsche Umwelthilfe (2007):
      Städte und Gemeinden aktiv für den Klimaschutz – Gute Beispiele aus dem Wettbewerb
      „Bundeshauptstadt im Klimaschutz". Verlag WINKLER & STENZEL GmbH, Burgwedel,
      6/2007.

[8]   Dr. Müschen, Umweltbundesamt (2008): Klimaschutzpolitik des Bundes und Erwartungen
      an die Kommunen, 13. Fachkongress der kommunalen Energiebeauftragten, 08.04.08 in
      Kaiserslautern.

[9]   Karrenberg, Hanns / Münstermann, Engelbert (2005): Keine Entwarnung trotz gestärkter
      Gewerbesteuer. In: der städtetag 5/2005. S. 5-10.

[10] Kienzlen (2007) KEA, Vortrag auf ZukunftHaus-Konferenz der dena in Berlin, 25.11.07.

[11] Laborgne, Pia / Huber, Andreas (2008): PEREBAT: Les Politiques Energétiques
      développées par les régions dans le cadre du Bâti - Les politiques à l'échelle de la commune:
      Königsfeld, Heidelberg et Stuttgart, PEREBAT Dez.2008.

[12] Percebois, Jacques (2005): „Les certificats blancs: comment lancer le système?", MINEFI
      DGEMP Bercy Paris 27 octobre 2005. download :
      http://www.industrie.gouv.fr/energie/conf/pdf/cycl_conf_051027_percebois.pdf

[13] Reidenbach, Michael / Apel, Dieter/Frischmuth, Birgit/Grabow, Busso/Mäding,
      Heinrich/Schuleri-Hartje, Ulla-Krisitina (2002): Der kommunale Investitionsbedarf in
      Deutschland. Eine Schätzung für die Jahre 2000 bis 2009. Berlin.

[14] Réseau Action Climat France (2007): Changement climatique et transports – manuel de
      recommandations à l'attention des acteurs territoriaux.

[15] Réseau Action Climat France (2008): Kit d'information sur les Plans Climat-Energie
      Territoriaux.

[16] Ruschkowski, Erich (2002): Lokale Agenda 21 in Deutschland - eine Bilanz, Aus Politik
      und Zeitgeschichte (B 31-32/2002).

La chaîne de valeur du photovoltaïque à base de silicium cristallin

Particularités franco-allemandes du marché aval

Christian OESER

ALCIMED
75016 Paris, France
E-mail : christian.oeser@alcimed.com, Tél. : +33 (0) 1 44 30 17 33

Résumé

Le présent exposé examine les particularités franco-allemandes du marché aval de la filière photovoltaïque à trois principaux niveaux : systèmes installés, exploitation, maintenance et recyclage.

En termes de systèmes photovoltaïques installés, la différence entre la France et l'Allemagne est considérable : environ 4 000 MW$_c$ de capacité cumulée en Allemagne fin 2007, contre 50 MW$_c$ en France. Les acteurs allemands ont notamment pu profiter de tarifs d'achat intéressants dès 2000, ces tarifs d'achat ayant été introduits plus récemment en France. De plus, le système incitatif français a la particularité d'accorder des tarifs intéressants exclusivement aux systèmes intégrés dans le bâtiment. En Allemagne, des tarifs de base plus élevés ont permis de créer un marché important.

Au niveau de l'exploitation et de la maintenance, les acteurs allemands appréhendent la complexité des systèmes photovoltaïques en étudiant et développant des méthodes pointues comme le scan infrarouge, qui permettent d'anticiper et de détecter des dysfonctionnements divers. Ainsi des acteurs comme le TÜV œuvrent activement en faveur d'une utilisation systématique de caméras infrarouges lors de l'exploitation et la maintenance de systèmes photovoltaïques.

Enfin, une filière autour du recyclage des modules se met en place en Allemagne, impliquant le développement de procédés permettant de récupérer des composants valorisables comme le silicium ou les couches de verre. D'après la société SolarWorld, qui applique de tels procédés dans une unité pilote en Allemagne, le recyclage permet de diviser par deux la consommation énergétique lors de la production de modules.

Mots-clés

Photovoltaïque, tarif d'achat, BIPV, silicium cristallin, scan infrarouge, recyclage

1   Introduction

En mars 2007, les chefs d'Etat et de gouvernement européens ont approuvé un plan d'action ambitieux fixant un objectif de 20 % d'énergies renouvelables dans la consommation énergétique totale (chauffage et refroidissement, transport et électricité) de l'Union Européenne d'ici 2020, contre 9 % aujourd'hui.

Aujourd'hui, la part de l'énergie photovoltaïque dans la consommation énergétique est relativement faible. En même temps, l'industrie photovoltaïque affiche des taux de croissance uniques proches de 50 % par an et devrait jouer un rôle de plus en plus important dans l'atteinte de ces objectifs environnementaux. D'une part, une filière mondiale est en train d'émerger avec des acteurs internationaux de taille importante. D'autre part, le développement de l'énergie photovoltaïque s'appuie sur des politiques incitatives nationales. Ainsi, les caractéristiques de la filière photovoltaïque varient d'un pays à l'autre.

Ce workshop a pour thème les concepts franco-allemands pour atteindre les objectifs environnementaux de l'Union Européenne. Entre la France et l'Allemagne, nous pouvons constater aujourd'hui des différences importantes quant aux caractéristiques de la filière photovoltaïque, notamment sur le marché aval. Le présent exposé se concentre sur le marché aval et analyse ses particularités franco-allemandes.

2   Rappel : la chaîne de valeur du photovoltaïque à base de silicium cristallin

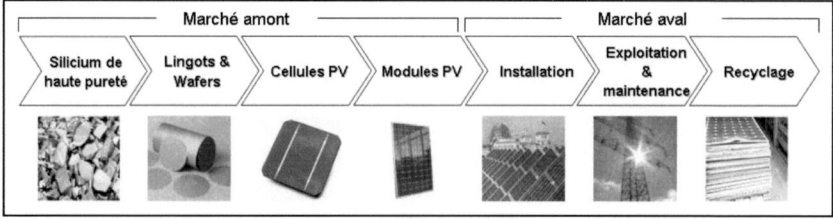

Fig. 1: La chaîne de valeur du photovoltaïque à base de silicium cristallin.

Dans le présent exposé seule la technologie du silicium cristallin sera considérée. Cette dernière représente aujourd'hui plus de 80 % [1] de la production annuelle de cellules et est donc la voie technologique majeure de production d'énergie photovoltaïque.

Quelles sont donc les différentes étapes constituant le marché aval ? La figure 1 montre la chaîne de valeur du photovoltaïque à base de silicium cristallin. Elle est divisée en sept étapes, de la production de silicium de haute pureté jusqu'au recyclage des panneaux photovoltaïques.

Le marché amont débute par la production de silicium de haute pureté. Ce dernier, après avoir été fondu et cristallisé, donne des lingots qui sont découpés en couches fines (wafers), transformés en cellules et assemblés en modules. Il s'agit d'un marché mondial de forte intensité capitalistique avec un nombre réduit d'acteurs majeurs positionnés. Ainsi, la production de silicium est dominée par des acteurs comme REC (Norvège) ou l'allemand Wacker, alors que Q-Cells (Allemagne), Sharp (Japon) et Suntech (Chine) représentent les acteurs majeurs de la production de cellules et modules.

Sur le marché aval ces modules sont installés, exploités et recyclés. Ces étapes sont assurées par une multitude d'acteurs sur des marchés locaux. Contrairement au marché amont, le marché aval est de faible intensité capitalistique et fortement dépendant du pays. L'installation de panneaux photovoltaïques, leur exploitation et maintenance et le recyclage de panneaux endommagés ou en fin de vie sont donc les trois étapes sur lesquelles les particularités franco-allemandes seront examinées par la suite.

3 Particularités franco-allemandes du marché aval

En termes de systèmes installés, on constate aujourd'hui de fortes différences entre la France et l'Allemagne. Ainsi, fin 2007, la capacité cumulée des systèmes photovoltaïques opérant en Allemagne était légèrement en dessous de 4 000 MW$_c$, ce qui représente environ 80 fois le chiffre de la France (autour de 50 MW$_c$) [2]. Le marché allemand est le plus grand marché mondial alors que la filière photovoltaïque française serait davantage du type « émergent ». Quelles sont les principales raisons de cet écart significatif entre ces deux pays ?

Concernant la perception du photovoltaïque, il existe un soutien public fort du côté allemand du Rhin. La filière photovoltaïque a donc pu se développer dans un climat favorable aux énergies renouvelables, alors que côté français on peut constater une certaine réticence vis-à-vis de ces filières. Une importance accrue est accordée aux aspects esthétiques, tandis que les aspects technico-environnementaux semblent être prioritaires en Allemagne.

L'historique des tarifs d'achat dans les deux pays reflète assez bien ces tendances et contribue à la compréhension de l'écart actuel en termes de capacité photovoltaïque installée. Ainsi, l'Allemagne fêtera prochainement la décennie de l'introduction des tarifs d'achat. En 2000, l'Allemagne était un des premier pays à introduire un tel tarif qui à l'époque était relativement élevé (0,50 €/kWh [3]). Aujourd'hui, le tarif de base se situe autour de 0,40 €/kWh [4]. En France, le kWh photovoltaïque est racheté, à partir de 2002, à un tarif de base très peu élevé (environ 0,15 €/kWh) [3]. Il se situe aujourd'hui autour de 0,30 €/kWh [4]. Ce tarif de base peu élevé s'explique par l'importance accordée aux systèmes photovoltaïques intégrés dans le bâtiment (BIPV pour « Building-Integrated PhotoVoltaic »). Ainsi, de telles installations bénéficient d'une prime qui remonte le tarif d'achat à 0,57 €/kWh [4]. Il se pose donc la question de la définition d'un système photovoltaïque qualifié de BIPV. La réponse se fait au cas par cas, sachant qu'aujourd'hui trois types d'intégration de systèmes photovoltaïques dans le bâtiment peuvent être distingués : l'intégration en combinaison avec des éléments de construction (intégration des panneaux dans la toiture), l'intégration dans des éléments de construction (tuiles solaires) et des solutions individuelles (façade photovoltaïque).

Cet historique montre deux modèles de développement de la filière photovoltaïque nettement différents l'un de l'autre : d'une part la création à rythme accéléré d'un marché important, d'autre part la croissance contrôlée d'une filière émergente. Chacune des deux approches comporte des forces et faiblesses.

En Allemagne, la croissance soutenue de la filière a permis de créer une puissante industrie nationale avec des acteurs majeurs s'appuyant sur un marché domestique de taille importante. Cependant, une croissance à un tel rythme est associée à un risque de ne pas parvenir à équilibrer l'offre et la demande, et donc soit de créer des surcapacités de production, soit d'être obligé d'avoir recours à des solutions low-cost. De plus, cette forte promotion de la filière photovoltaïque est associée à des coûts élevés.

En France, de tels risques sont écartés en misant sur une croissance contrôlée. Cependant, la question se pose si un tel modèle de développement permet de générer des volumes importants, même à long terme. Les acteurs français risquent de perdre en compétitivité s'ils ne peuvent pas s'appuyer sur une filière nationale importante.

Une installation photovoltaïque représente un système complexe multi-composant soumis à des fortes contraintes (vent, humidité, chaleur, etc.). L'exploitation et la maintenance jouent donc un rôle important afin de garantir un fonctionnement efficace de l'installation. En Allemagne et en France, un certain nombre de bonnes pratiques sont ainsi appliquées. Des inspections visuelles annuelles permettent d'identifier des défauts visibles à l'œil nu comme par exemple le repérage de câblage débranché ou de modules fissurés. Un suivi en continu de la quantité d'énergie produite par l'installation

(« performance monitoring ») sert à détecter les éventuelles anomalies le plus rapidement possible et permet d'intervenir de façon ciblée sur le module endommagé ou mal calibré. L'objectif étant d'aller plus loin dans ces pratiques d'exploitation et de maintenance, on assiste aujourd'hui au développement et premier déploiement commercial du scan infrarouge en Allemagne. Ainsi, la surface des modules photovoltaïques est scannée par des caméras infrarouges dans un objectif d'anticipation et de détection de défauts. Il s'agit d'une méthode non-destructive qui permet de localiser des zones surchauffées qui sont très souvent associées à des défauts au niveau des modules. Des acteurs comme le TÜV œuvrent activement en faveur de l'utilisation systématique de cette méthode qui connaît une demande croissante de la part des assembleurs et des intégrateurs. Des acteurs français commencent également à se montrer intéressés par l'utilisation de ces scans infrarouges.

Le recyclage des modules représente la dernière étape de la chaîne de valeur du photovoltaïque. Sur cette étape, les particularités franco-allemandes doivent être examinées dans un contexte européen. Ainsi, en 2007 industriels et associations de la filière ont créé l'organisme européen PV CYCLE afin d'anticiper les enjeux de recyclage. Ses membres ont notamment signé une déclaration dans laquelle ils s'engagent à reprendre un minimum de 65 % des panneaux installés en Europe depuis 1990 et à en recycler 85 % des déchets [5]. Des acteurs allemands comme Solarworld jouent un rôle moteur dans cet organisme. En effet, le seul procédé de recyclage mis en point aujourd'hui et sur lequel PV CYCLE se base est le procédé de séparation et de valorisation de composants de modules développé par Solarworld. Les acteurs français suivent cette évolution de tout près en étant en contact avec PV CYCLE, même si aujourd'hui on constate encore une certaine réticence. Jusqu'en 2009, PV CYCLE ne comptait qu'un seul membre français, Photowatt. PV CYCLE compte désormais deux membres français avec l'adhésion, début 2009, de SolaireDirect.

4   Résultats et conclusions

Nous constatons donc des différences importantes entre la France et l'Allemagne concernant le marché aval du photovoltaïque. Certaines bonnes pratiques observées en Allemagne semblent être un modèle à suivre par la France dans la structuration de sa filière encore jeune du photovoltaïque. En même temps, l'élaboration de solutions de forte valeur architecturale dans le cadre de la promotion du BIPV en France représente une source d'inspiration importante pour les acteurs allemands. L'étendue de cette transposition entre les deux pays reste néanmoins à valider dans le contexte de différences culturelles et structurelles entre ces deux pays.

Bibliographie

[1]   EPIA European Photovoltaic Industry Association. Solar Generation V. 2008

[2]   Observ'ER. 8ᵉ bilan EurObserv'ER – Etat des énergies renouvelables en Europe. 2008

[3]   Saade, A. Etude du marché PV en France.

[4]   EPIA European Photovoltaic Industry Association. Overview of European PV support schemes. 2008

[5]   PV CYCLE. Déclaration PV CYCLE- Rendre l'industrie photovoltaïque doublement verte. 2008

Die Windenergiebranche als Beispiel der deutsch-französischen Kooperation zur Erreichung der umweltpolitischen Ziele der EU

Katharina BRAIG, Markus JENNE

Sterr-Kölln & Partner[1], Rechtsanwälte Wirtschaftsprüfer Steuerberater
Büro Freiburg: Emmy-Noether Straße 2, 79100 Freiburg i. Br., Deutschland
E-Mail: katharina.braig@sterr-koelln.com, Tel.: +49 (0)761 49 05 40

Stand: März 2009

Kurzfassung

Die Mitgliedsstaaten der Europäischen Union haben es sich zum Ziel gesetzt, den Anteil der erneuerbaren Energien bis 2020 auf 20 % anzuheben[2]. Der Ausbau der Windenergiebranche ist unausweichlich zur Erreichung dieses Zieles, zumal da Deutschland und Frankreich beide über günstige Windbedingungen sowie zunehmend auch *Know-How* in diesem Bereich verfügen.

Es ist daher nahe liegend, dass Entscheidungsträger beider Länder gemeinsam an der Umsetzung dieses Zieles arbeiten. Auch wenn sich die Akteure in vielen Bereichen gegenseitig ergänzen können, bestehen noch zahlreiche Hürden, die eine engere Kooperation bislang erschweren.

Dennoch arbeiten seit einigen Jahren deutsche und französische Akteure eng auf diesem Bereich zusammen. Viele in der französischen Windbranche tätige und schnell expandierende Unternehmen haben ihren Ursprung in Deutschland[3]. Bei der Planung der größten bisher geneh-

---

[1] *Sterr-Kölln & Partner* ist ein interdisziplinärer Beratungsdienstleister für Unternehmen. 1978 gegründet, ist *Sterr-Kölln & Partner* seit mehr als 12 Jahren im Bereich der erneuerbaren Energien und Energieeffizienz tätig. Das Leistungsspektrum von *Sterr-Kölln & Partner* umfasst rechtliche, steuerliche und wirtschaftliche Beratung für Banken, Investoren, Projektentwickler und Kommunen.

[2] Siehe dazu z.B. „Europe signs up to historic renewables legislation – Wind power to take lead in meeting mandate for 20% green energy across EU by 2020" von Janice Massy, in Wind Power Monthly, Vol. 25, N°1, Januar 2009, S. 27-28

[3] Siehe z.B. *Ostwind,* eine aus der deutschen Anti-Atomkraft-Bewegung entstandene Regensburger Unternehmensgruppe (inzwischen auch in Strasbourg und Prag ansässig). *OSTWIND international* gegründet 1999, entwickelt und realisiert in Frankreich erfolgreiche Projekte zur Nutzung der Windkraft. *OSTWIND engineering* übernimmt seit 2006 in Frankreich

migten und realisierten Windparkprojekte in Frankreich waren deutsche Unternehmen maßgebend involviert. Mit der Gründung der Deutsch-Französischen Koordinierungsstelle Windenergie vor nur wenigen Jahren wurde die Kooperation im Windenergiebereich auch institutionalisiert. Seitdem gaben mehrere deutsch-französische Konferenzen die Gelegenheit zum Erfahrungsaustausch.

Stichworte

Windenergie, Koordinierungsstelle Windenergie, deutsch-französische Zusammenarbeit, Unternehmensberatung, erneuerbare Energien

1 Einleitung

Eine 2008 realisierte Studie der EWEA[4] prognostiziert, dass die Windenergie im Zeitraum 2005-2020 34 % der Erzeugungskapazitäten im Bereich der erneuerbaren Energien ausmachen werde, bis 2030 sollen es sogar 46 % sein.

Weiterhin zeigt die Studie, dass das von der Europäischen Kommission gesetzte Ziel, den Anteil der Windenergie bis 2020 auf 12-14 % zu erhöhen, in erreichbarer Nähe ist[5]. Die Produktion müsste dafür jährlich um 9,5 GW steigen und in den nächsten 13 Jahren die Marge von 180 GW erreichen. Damit würden 328 Megatonnen CO_2-Ausstoß verhindert, 20,5 Billionen € an Brennstoff gespart und tausende Arbeitsplätze geschaffen werden[6].

Bisher hat sich die Windenergie in den Deutschland und Frankreich sehr unterschiedlich entwickelt, wovon einige Eckdaten zeugen[7,8]:

---

die Verantwortung für den schlüsselfertigen Bau von Windparks. Im Jahr 2005 hat die französische Tochter des deutschen Planungsbüros in der Gemeinde Saint-Clément, Département Ardèche, ihr erstes Projekt realisiert und damit einen der höchst gelegenen Windparks Frankreichs geschaffen.

[4] In der Studie „*Pure Power - Wind Energy Scenarios up to 2030*" stellt die EWEA Entwicklungsszenarien für 2010, 2020 und 2030 im Bereich Windenergie vor. Der Bericht untersucht dabei, welche Auswirkungen auf die Stromversorgung, auf den Ausstoß von Treibhausgasemissionen und auf die EU-Wirtschaft zu erwarten sind.

[5] Auch die *World Wind Energy Association* (WWEA) geht im *World Wind Energy Report 2008* bei einer zügigen Entwicklung und verbesserten rechtlichen Rahmenbedingungen von 1.500.000 MW installierter Leistung bis 2020 aus.

[6] Siehe dazu auch die im März 2007 veröffentlichten Studie „*Klimaschutz: Plan B - Nationales Energiekonzept bis 2020*" von *Greenpeace*, in der das Potential und der Beitrag der Windenergie zum Klimaschutz aufgezeigt werden

[7] Siehe BWE, SER und Koordinierungsstelle Windenergie

	Deutschland[9]	Frankreich
Installierte Leistung (am 31.12.2008)	23.903 MW	ca. 3.588 MW
Windenergieanlagen (am 31.12.2008)	20.301[10]	ca. 2.488
Arbeitsplätze in der Windenergiebranche	ca. 90.000	ca. 7.500[11]
Ziel für 2020 (onshore)	45.000 MW	20.000 MW
Ziel für 2020 (offshore)	10.000 MW	5.000 MW

Tab. 1: Die Windenergiebranche in Deutschland und Frankreich – ein Vergleich.

2 Unterschiedliche Rahmenbedingungen

2.1 Mentalität: lokale Akzeptanz von Windenergieanlagen[12]

Dass die lokale Akzeptanz von Windenergieanlagen – in Frankreich wahrscheinlich noch mehr als in Deutschland – unter Umständen sehr gering sein kann, davon zeugt ein Bericht der *Académie des Beaux-Arts* über Windenergieanlagen vom 29. November 2007. In diesem Bericht bekräftigt die *Académie des Beaux-Arts*, dass Windenergieanlagen im Widerspruch zur französischen Tradition ständen, auch ungewöhnliche Architektur mit der Landschaft zu harmonisieren, indem ihre Maßstäbe respektiert würden.

---

[8] Siehe auch den (inzwischen leider nicht mehr ganz aktuellen) Kurzbericht der französischen Botschaft in Berlin zum Stand der Windenergie in Frankreich und Deutschland in französischer Sprache, in dem der Autor Arnaud Bertrand, die Situation der Windenergie in Frankreich und Deutschland zusammenfasst und die Zusammenarbeit zwischen den beiden Ländern eingehend beschreibt http://www.bulletins-electroniques.com/rapports/smm07_082.htm (konsultiert am 21.01.2009)

[9] Siehe für weitere Statistiken der deutschen Windenergiebranche z.B. http://www.windenergie.de/fileadmin/dokumente/statistiken/WE%20Deutschland/DEWI-Statistik_1HJ_2008.pdf; die Seite der Agentur für Erneuerbare Energien http://www.unendlich-viel-energie.de/de/wind.html und für Statistiken zu erneuerbaren Energien allgemein http://www.erneuerbare-energien.de/inhalt/2720/5466 (konsultiert am 20.01.2009)

[10] Zur räumlichen Verteilung aller in Deutschland installierten WEA siehe eine Karte auf der Seite „Windmonitor" der Universität Kassel: http://reisi.iset.uni-kassel.de/pls/w3reisiwebdad/ www_reisi_page_new.show_page?page_nr=22&lang=de (konsultiert am 21.01.2009)

[11] Siehe dazu auch die von der ADEME im Juli 2008 veröffentlichten Studie mit dem Titel „Marchés, emplois et enjeu énergétique des activités liées à l'efficacité énergétique et aux énergies renouvelables: situation 2006-2007 – perspectives 2012"

[12] Am 29.10.2008 fand dazu in Paris die Konferenz „Auswirkungen der Windenergie auf das Landschaftsbild und lokale Akzeptanz: ein deutsch-französischer Vergleich" statt, siehe dazu http://www.wind-eole.com/de/node/724

Im November 2008 hat das Verwaltungsgericht von Lyon die Genehmigung für einen Windpark mit acht 126-Meter-große Windenergieanlagen (je 1,5 MW) in dem Département Ain aufgehoben[13]. Dies mit der Begründung, der Park solle zwar nicht in einem „*geschützten*", aber dennoch in einem „*schützenswerten*" Gebiet errichtet werden[14].

2.2 Politische Rahmenbedingungen

Politisch starken Gegenwind hat die Windkraftbranche durch eine von dem Think Tank *Institut Montaigne* veröffentlichte Studie[15] erfahren, die in Frankreich zu einem heftigen Schlagabtausch zwischen Windkraftbefürwortern und -gegnern geführt hat[16].

Der SER hat daraufhin einen Artikel[17] veröffentlicht, der die von Vincent Le Biez verbreiteten Unwahrheiten klärt[18]. So kritisiert der SER u.a., dass die Einsparungen, die durch den verminderten CO_2-Ausstoß durch Windenergie entstehen, in dieser Studie nicht berücksichtigt werden. Die Einsparungen werden vom SER auf 25,2 €/kW geschätzt. Dies entspricht einer Gesamteinsparung von 500 Mio. € bis 2020.

2.3 Wirtschaftliche Rahmenbedingungen

Die Einnahmeseite von Windprojekten wird maßgeblich von den erzielbaren Jahresenergieerträgen (kWh) und der bestehenden Vergütungsregelung (€/kWh) für den eingespeisten Windstrom bestimmt. Die Ausgabeseite wird zu einem wesentlichen Teil durch die Höhe der Gesamtinvestition und den damit verbundenen Finanzierungskosten bestimmt.

---

[13] TA Lyon, 4.11.2008, Commune de Thezillieu, n° 0603052

[14] Die Richter stützten sich auf Art. R. 111-21 des Code de l'urbanisme, der eigentlich dann herangezogen wird, wenn es sich um ein geschütztes Gebiet (z.B. Natura 2000 oder Biotop) handelt, was im vorliegenden Fall nicht gegeben war.

[15] Vincent Le Biez, „Éoliennes : Nouveau souffle ou vent de folie ?", Amicus Curiae, Briefing Paper, Juli 2008, Institut Montaigne, zu finden unter http://www.institutmontaigne.org/medias/documents/amicus_eolien-bd.pdf (konsultiert am 15.02.2009).

[16] Vincent Le Biez, „Pour rétablir la vérité sur le coût de l'éolien ", Amicus Curiae, Briefing Paper, November 2008, Institut Montaigne, zu finden unter http://www.institutmontaigne.org/medias/documents/amicus_eolienne_2_int.pdf (konsultiert am 17.02.2009). In diesem Artikel geht der Autor Punkt für Punkt auf die Antwort des SER vom September 2008 ein.

[17] „Pour en finir avec les contre-vérités sur le coût de l'énergie éolienne - Réponse à l'exercice anti-éolien de Vincent Le Biez publié le 21 juillet 2008 par l'Institut Montaigne", zu finden auf der Seite des SER http://www.enr.fr/

[18] Zu den Argumenten der Windkraftgegner siehe auch, „Rapid progress moves France into third place in Europe despite strong opposition" in Wind Power Monthly, Vol. 24, N°10, Oktober 2008

Ein detaillierter Vergleich der Wirtschaftlichkeit von Windparkprojekten in Deutschland und Frankreich ist aufgrund der unterschiedlichen Tarifregelungen in Deutschland und Frankreich und einer Reihe weiterer Einflussfaktoren schwierig[19]. Nachdem die deutsche Vergütung nach EEG im Jahr 2008 hinter die tarifliche Vergütung in Frankreich zurückgefallen war, ist mit dem neuen EEG in 2009 die tarifliche Vergütung in Deutschland wieder höher als in Frankreich; die anfängliche Vergütung in Frankreich allerdings wird jährlich an die Preisentwicklung angepasst.

Das geostrophische Windpotential in Frankreich ist besser als in Deutschland, was tendenziell für windhöffigere Standorte spricht, erforderliche Netzanschlusskosten sind in Frankreich i.d.R. vom Windparkprojekt zu tragen, was die Gesamtinvestitionskosten erhöht.

Der sich aus dem Erlass vom 17. November 2008[20] ergebende anfängliche Tarif von 8,61 ct/kWh bei Antrag in 2009 bietet in Verbindung mit der für Investitionen im Jahr 2009 gewährten Befreiung von der *taxe professionelle* (französische Gewerbesteuer) für Investoren ideale Voraussetzungen, in französische Windparks zu investieren.

2.4 Rechtliche Rahmenbedingungen

Um Windparkprojekte im Nachbarland erfolgreich planen zu können, ist es von Vorteil, über die rechtlichen Rahmenbedingungen stets auf dem neusten Stand zu sein, da bereits kleinere juristische Neuerungen den Erfolg eines Projektes deutlich beeinflussen können. Die Diskussion über die EEG-Novelle[21], die in Deutschland seit dem 1. Januar 2009 in Kraft ist, hat die letzen Änderungen in Frankreich in den Schatten gestellt. Doch auf der anderen Seite des Rheines hat sich in den letzten Monaten einiges getan.

---

[19] Siehe dazu den im Rahmen der Husum Wind 2007 gehaltenen Vortrag von Markus Jenne „Vergleich der Wirtschaftlichkeit eines beispielhaften Windparks nach deutschem und französischem Tarif", zu finden unter http://www.wind-eole.com/de/system/files/ Vortrag_Jenne_SterrK%C3%B6lln_HusumWind2007.pdf (konsultiert am 03.02.09). Die in diesem Vortrag aufgeführten Berechnungen sind aufgrund der umfassenden gesetzlichen Änderungen inzwischen nicht mehr gültig, verfügen aber dennoch über emblematischen Charakter

[20] Sterr-Kölln & Partner hat diesen Erlass ins Deutsche übersetzt und der Koordinierungsstelle für die Veröffentlichung auf ihrer Homepage zur Verfügung gestellt

[21] Mehr Informationen zur Novelle sind zu finden unter http://www.eeg-aktuell.de/. Das BMU hat das Gesetz auch ins Französische übersetzen lassen

So hat am 6. August 2008 der *Conseil d'État*[22] den Erlass zu den Windenergietarifen vom 10. Juli 2006[23], der die Vergütungstarife für Windenergie in Frankreich festlegt, wegen eines Formfehlers außer Kraft gesetzt[24]. Gegen diesen Erlass war 2006 durch die Windenergiegegner *Vent du Bocage* Widerspruch eingelegt worden.

Zudem brachten französische Windkraftgegner einen Vorschlag für einen Erlass vor, der vorsah, Windenergieanlagen mit über 50m Höhe einem Genehmigungsverfahren zu unterwerfen, das eigentlich lediglich für Bauten vorgesehen ist, die ein erhöhtes Risiko oder eine Umweltgefährdung darstellen (*Installations Classées pour la Protection de l'Environnement, ICPE*)[25]. Dies wurde von der Windekraftbranche und von Umweltverbänden zu Recht als absurd abgetan.

2.5 Technische Rahmenbedingungen

Technische Regelungen weichen in den beiden Nachbarländern z.T. noch sehr voneinander ab. Ein Beispiel dafür sind die Kennzeichnungsregeln für Windenenergieanlagen, die bislang in beiden Ländern noch uneinheitlich geregelt sind[26]. Lösungs-

---

[22] Conseil d'État, 6.08.2008, n° 297723; das Urteil ist zu finden unter http://www.legifrance.gouv.fr/affichJuriAdmin.do?oldAction=rechJuriAdmin&idTexte=CE TATEXT000019309974&fastReqId=169524445&fastPos=1 (konsultiert am 21.02.2009)

[23] Ministère de l'Économie, des Finances et de l'Industrie, arrêté du 10 juillet 2006 fixant les conditions d'achat de l'électricité produite par les installations utilisant l'énergie mécanique du vent telles que visées au 2° de l'article 2 du décret no 2000-1196 du 6 décembre 2000 ; dieser Erlass ist zu finden unter http://www.industrie.gouv.fr/energie/electric/pdf/tarif-achat-eolien.pdf (konsultiert am 18.02.2009)

[24] Inzwischen wurde ein neuer Erlass veröffentlicht: Ministère de l'Économie, des Finances et de l'Industrie, arrêté du 17 novembre 2008 fixant les conditions d'achat de l'électricité produite par les installations utilisant l'énergie mécanique du vent; dieser Erlass ist zu finden unter http://www.legifrance.gouv.fr/affichTexte.do;jsessionid=A6CEDAB76CF75F8DA1F6BA263A2 A9CDD.tpdjo12v_2?cidTexte=JORFTEXT000019917183&dateTexte=&oldAction=rechJO&cat egorieLien=id (konsultiert am 18.02.2009). Siehe dazu auch den Artikel „Minister reinstates wind prices – French market secure again" von Jan Dood, in Wind Power Monthly, Vol. 25, N° 1, Januar 2009, S. 29 und die Pressemitteilung des SER „Tarif d'achat de l'électricité éolienne : le Ministre d'État, Jean-Louis Borloo a tranché", 15.12.2008, zu finden unter http://www.enr.fr/ docs/CP%20SER-FEE_Nouvel%20arrete%20tarifaire%20eolien_08%2012%2015.pdf (konsultiert am 18.02.2009). Aus dieser Pressemitteilung geht die Erleichterung der Windkraftbranche über den neuen Erlass deutlich hervor

[25] Siehe dazu die Pressemitteilung des SER „Les éoliennes soumises à la procédure ICPE: un projet de décret incompréhensible et inadmissible !", 16.07.2008, zu finden unter http://www.enr.fr

[26] Präsentationen sowie Hintergrundmaterial des Workshops der Koordinierungsstelle „Kennzeichnung" vom 26. November 2007 in Paris: www.wind-eole.com/de/node/ 508 (konsultiert am 22.01.2009)

ansätze, die Beeinträchtigungen für die Luftfahrt durch technische Maßnahmen zu reduzieren, gewinnen aber zunehmend an Wichtigkeit, zumal bei ca. 80 % der neu errichteten Anlagen der Rotordurchmesser mittlerweile über 64 Meter misst und damit eine Gesamthöhe von ca. 110 Metern erreicht wird. Dadurch werden die modernen Windenergieanlagen von der Luftfahrt zunehmend als störend empfunden[27].

Die Lichtstärke der roten Blinkfeuer auf den französischen Maschinenhäusern liegt noch immer bei 2 000 cd, während in Deutschland seit einigen Jahren das so genannte Feuer W,rot mit einer Lichtstärke von 100 cd zur Nachtkennzeichnung anerkannt ist. Dieser pauschalen Verringerung der Lichtstärke, mit der Deutschland bislang positive Erfahrungen gemacht hat, steht man in Frankreich noch skeptisch gegenüber. Die französische Flugsicherung (*Direction Générale de l'Aviation Civile*) will jedoch prüfen, ob die in Deutschland seit 2004 eingesetzte sichtweitenabhängige Reduzierung auch für Frankreich sinnvoll wäre. Die französischen Luftfahrtbehörden verzichten dagegen – im Gegensatz zu den deutschen – auf die Doppelung der Feuer. Auch wird von den französischen Luftfahrtbehörden akzeptiert, wenn nur die äußeren Anlagen von Anlagenblöcken befeuert werden, was in Deutschland nur selten praktiziert wird.

Trotz der weiterhin bestehenden Unterschiede darf eins nicht vergessen werden: Deutschland und Frankreich können auch gegenseitig von ihren Windenergieerfahrungen profitieren, um so bestehende Hemmnisse der Windenergieentwicklung abzuschaffen. Institutionalisiert wurde diese Zusammenarbeit durch die Gründung der Deutsch-Französischen Koordinierungsstelle für Windenergie.

3 Deutsch-Französische Koordinierungsstelle Windenergie[28]

3.1 Geschichte der Koordinierungsstelle[29]

Die Koordinierungsstelle wurde im Rahmen der deutsch-französischen Wachstums-initiative[30] im November 2006 gegründet und hat ihren Sitz in Berlin[31]. Zu den Initiatoren

---

[27] Direkt als Luftfahrthindernis oder indirekt, da die für die Überwachung des Luftraumes notwendigen Radaranlagen beeinträchtigt werden können

[28] Offizieller Name „Bureau de coordination énergie éolienne/Koordinierungsstelle Windenergie e. V." (siehe § 1 der Satzung)

[29] Für einen ausführlicheren Überblick über die Geschichte der Koordinierungsstelle siehe http://www.wind-eole.com/de/node/7 (konsultiert am 20.01.2009)

[30] Die deutsch-französische Wachstumsinitiative wurde im Jahr 2003 parallel zu der unter der italienischen Ratspräsidentschaft initiierten EU-Wachstumsinitiative, die durch eine Verstärkung der Investitionen in Infrastruktur und Wissen der europäischen Wirtschaft positive Impulse geben

gehören das deutsche Umweltministerium, das französische Industrieministerium, der Bundesverband Windenergie, der *Syndicat des énergies renouvelables* und zahlreiche Unternehmen (darunter auch *Sterr-Kölln & Partner*)[32]. Seit 2008 ist die Koordinierungsstelle auch ein eingetragener Verein nach deutschem Recht[33].

3.2 Finanzierung der Koordinierungsstelle

Die Koordinierungsstelle Windenergie finanziert sich durch eine öffentliche Anschubfinanzierung des deutschen Bundesumweltministeriums, die durch die Mitfinanzierung deutscher und französischer Unternehmen ergänzt wird[34]. Seit Beginn dieses Jahres soll die Koordinierungsstelle Windenergie vollständig durch die Beiträge deutscher und französischer Unternehmen finanziert werden. Mittlerweile sind zahlreiche namhafte Unternehmen der deutschen und französischen Windenergiebranche an der Koordinierungsstelle beteiligt, unter anderem Anlagenhersteller, Beratungsunternehmen und Finanzierer[35].

Die Ziele[36] der Koordinierungsstelle sind der Erfahrungsaustausch deutscher und französischer Akteure, die Abschaffung bestehender Hemmnisse der Windenergieentwicklung und langfristig auch die Realisierung gemeinsamer Windenergieprojekte von deutsch-französischen Konsortien[37].

Zu den Aktivitäten der Koordinierungsstelle[38] gehören: Informationsaustausch zu windenenergiebezogenen Themen und Rechtsfragen[39], Übersetzungen[40], Organisation

---

soll, ins Leben gerufen. Eine vollständige Liste aller Mitglieder der Koordinierungsstelle ist zugänglich auf http://www.wind-eole.com/de/node/9 (konsultiert am 20.01.2009)

[31] Siehe § 1 der Satzung

[32] Eine vollständige Liste aller Mitglieder der Koordinierungsstelle ist zugänglich auf: http://www.wind-eole.com/de/node/9 (konsultiert am 20.01.2009)

[33] Die aktuelle Satzung der Koordinierungsstelle ist verfügbar auf http://www.wind-eole.com/de/system/files/Satzung_KS.pdf (konsultiert am 20.01.2009)

[34] Für Details über das Finanzierungsmodell siehe http://www.wind-eole.com/de/node/49 (konsultiert am 22.01.2009)

[35] Sämtliche Mitgliedsunternehmen sind einzusehen unter http://www.wind-eole.com/de/node/9 (konsultiert am 20.01.2009)

[36] Siehe § 3 der Satzung

[37] Zu dem Konzept der Koordinierungsstelle siehe http://www.wind-eole.com/de/system/files/Konzept+Koordinierungsstelle+Windenergie_0.pdf (konsultiert am 20.01.2009)

[38] Für einen Überblick über die aktuellen Veranstaltungen der Koordinierungsstelle siehe http://www.wind-eole.com/de/taxonomy/term/112 (konsultiert am 20.01.2009)

von regelmäßigen Arbeitstreffen und Veranstaltungen[41], Öffentlichkeitsarbeit, Aufbau und Pflege einer Internetseite als Kommunikationsplattform, monatlicher Newsletter etc.

Die Koordinierungsstelle hat seit ihrem Bestehen verschiedene Konferenzen organisiert, die deutschen und französischen Akteuren die Möglichkeit zum Erfahrungsaustausch geben. Im Rahmen dieser Konferenzen werden sämtliche Entscheidungsträger aus beiden Ländern zusammengeführt, um sich gemeinsam über aktuelle Themen auszutauschen und so ggf. Lösungsansätze zu entwickeln. Folgende Konferenzen haben bislang stattgefunden[42]: Lärmemissionen von Windenergieanlagen[43]; Variierende Rohstoffpreise und Arbeitskosten – Auswirkungen auf Hersteller und Betreiber von Windenergieanlagen[44]; Kennzeichnung von Windenergieanlagen[45]; Windenergie- und Radaranlagen[46]; Windenergie und Netzintegration[47]: Auswirkungen der Windenergie auf Vögel und Fledermäuse[48]; Offshore-Windenergie[49]; Auswirkungen der Windenergie auf das Landschaftsbild und die lokale Akzeptanz[50]; Raumordnung für Windenergieprojekte[51].

---

[39] Die Koordinierungsstelle Windenergie hat den französischen „Erlass vom 17. Juli 2008 zur Festlegung der Absenkungssätze" übersetzen lassen. Dieser Erlass legt die Absenkungssätze ab dem 1. Januar 2009 auf 40% fest. Zwei Jahre nach in Kraft treten des Erlasses ist eine Überprüfung der Sätze vorgesehen.

[40] Im Jahr 2009 hat die Koordinierungsstelle z.B. bereits die Studie „Untersuchungen zu möglichen betriebsbedingten Auswirkungen von Windkraftanlagen auf Fledermäuse im Regierungsbezirk Freiburg" und die SER-Mitteilung vom 25. September 2008 zur Einführung einer obligatorischen technischen Prüfung für Windenergieanlagen übersetzen lassen

[41] So hat die Koordinierungsstelle z.B. an ihrem Stand auf der französischen Energiemesse SIREME im Herbst 2008 mehrere Vorträge organisiert

[42] Die Zusammenfassungen der Konferenzen und die Beiträge der Referenten sind zusammengestellt auf http://www.wind-eole.com/de/taxonomy/term/112 (konsultiert am 20.01.2009)

[43] Für mehr Informationen s. http://www.wind-eole.com/de/node/662 (konsultiert am 23.01.2009)

[44] Diese Konferenz hat die Koordinierungsstelle mit Unterstützung der Deutschen Energie-Agentur GmbH (dena) im Rahmen der internationalen Leitmesse HusumWind 2007 organisiert. Für mehr Informationen über diese Veranstaltung siehe http://www.wind-eole.com/de/node/440 (konsultiert am 19.01.2009)

[45] Für mehr Informationen s. http://www.wind-eole.com/de/node/508 (konsultiert am 19.01.2009)

[46] Unterlagen zu dem Workshop „Windenergie- und Radaranlagen", der am 27.11.2007 in Paris stattgefunden hat, sind zu finden unter: www.wind-eole.com/fr/node/509 (konsultiert am 19.01.2009). Ein Erfahrungsaustausch zu diesem Thema ist von besonderer Relevanz, da derzeit ca. 2.700 MW Windleistung aufgrund von Einsprüchen von Radaranlagenbetreibern nicht gebaut werden. Laurent Brault von Sterr-Kölln & Partner hat bei dieser Veranstaltung in seinem Vortrag „Radars et éoliennes : situation juridique en France et en Allemagne" die Rechtslage in Deutschland und Frankreich vorgestellt.

[47] Für mehr Informationen s. http://www.wind-eole.com/de/node/584 (konsultiert am 19.01.2009)

[48] Für mehr Informationen s. http://www.wind-eole.com/de/node/586 (konsultiert am 19.01.2009)

4 Erfolgsprojekte

Zahlreiche Projekte zeugen davon, dass diese deutsch-französische Kooperation durchaus
fruchtbar ist. Einige der größten bisher in Frankreich genehmigten Windprojekte wurden
von Unternehmen mit deutschen Wurzeln geplant, gebaut oder betrieben.

Das im letzten Jahr realisierte Projekt Fruges der in Regensburg ansässigen *Ostwind*-
Gruppe, gilt als das Vorzeigeprojekte schlechthin auf französischem Territorium.

größter französischer Windpark
16 verschiedene Standorte
70 Windkraftanlagen vom Typ Enercon E 70
Leistung von 140 MW
Strom für ca. 150.000 Haushalte

Tab. 2: OSTWIND Windprojekt Fruges (onshore)[52].

Bei der ersten öffentlichen Ausschreibung des französischen Industrieministeriums für
Offshore-Windprojekte in Frankreich wurde Ende 2005 ein Projekt zweier Unternehmen
mit deutschen Wurzeln als einziges ausgewählt. Dies obwohl ein Dutzend Unternehmen,
u.a. auch namenhafte Großkonzerne, an der Ausschreibung teilgenommen hatten.

---

[49] Manche Bereiche der Windenergie – so z.b. die Offshore-Windenergie – stehen derzeit vor be-
sonderen industriellen und technologischen Herausforderungen, die gemeinsam effizienter ge-
meistert werden können und über die anlässlich dieser Veranstaltung grenzübergreifend diskutiert
werden konnte: die Offshore-Windenergieerzeugung ist bislang technologisch wenig entwickelt
und daher noch relativ teuer. Darüber hinaus gibt es an verschiedenen Stellen der Lieferkette
Engpässe (die begrenzte Verfügbarkeit von Turbinenkomponenten, erschwinglichen Installa-
tionsschiffen, geeigneten Hafenanlagen und ähnlicher Ausrüstung und Infrastruktur etc.). Für
mehr Informationen zu dieser Veranstaltung siehe http://www.wind-eole.com/de/node/722 (konsultiert am 19.01.2009)

[50] Für mehr Informationen s. http://www.wind-eole.com/de/node/724 (konsultiert am 19.01.2009)

[51] Geplante Konferenz für den 17. März 2009 zum Thema „Raumordnung für Windenergieprojekte - Motor oder Bremse der Klimapolitik? Ein deutsch-französischer Vergleich"

[52] Siehe http://www.ostwind.fr/index.php?id=349 (konsultiert am 22.01.2009)

21 Windkraftanlagen vom Typ Multibrid M5000
Leistung von 105 MW
ca. 6 km von der Küste entfernt
Inbetriebnahme : voraussichtlich 2009
Ertrag 310 GWh/a

Tab. 3: ENERTRAG und PROKON Nord[53]: Offshore Windpark „Côte d'Albâtre".

5 Ergebnis und Ausblick

Die Windenergiebranche kann durch die Stromerzeugung ohne fossile Brennstoffe und durch die Schaffung von Arbeitsplätzen einen beträchtlichen Beitrag zu den drei zentralen Zielen der neuen europäischen Energiepolitik[54] leisten, wenn die installierte Kapazität gegenüber der heutigen in außerordentlichem Maße ausgebaut wird. Die gesamte Stromnachfrage Europas könne physikalisch gesehen durch Windkraft gedeckt werden[55].

In der Praxis werden Umfang und Tempo der Nutzung dieses bedeutenden Potenzials aber durch politische, wirtschaftliche oder technische Sachzwänge bestimmt. Hinzu kommt, dass durch fehlende integrierte strategische Planung und grenzübergreifende Koordinierung potenziellen Synergien, z.B. zwischen Offshore-Windprojekten und grenzüberschreitenden Verbindungsleitungen derzeit nicht genutzt werden.

Mit der Koordinierungsstelle besteht nun eine Plattform, die es ermöglicht, die Herausforderung, mit unterschiedlichen Planungs- und Regulierungssystemen umzugehen, gemeinsam zu meistern. Die umweltpolischen Ziele der EU wären schneller zu erreichen, könnten Unwägbarkeiten, mit denen Projektplaner der Branche kämpfen, und die im Zusammenhang mit unterschiedlichen Regulierungssystemen und Förderregelungen, sowie Regeln für die Deckung der Netzinvestitionskosten auftreten, zunehmend abgeschafft werden. Die deutschen und französischen Mitglieder der Koordinierungsstelle werden dazu einen erheblichen Beitrag leisten.

---

[53] Siehe http://www.prokonnord.de/de/projekte/windenergie/offshore/offshore-windpark-d-albatre/index.html (konsultiert am 22.01.2009)

[54] Senkung der Treibhausgasemissionen, Gewährleitung der Versorgungssicherheit und Verbesserung der EU-Wettbewerbsfähigkeit

[55] Siehe dazu die Mitteilung der Kommission an das Europäische Parlament, den Rat, den Europäischen Wirtschafts- und Sozialausschuss und den Ausschuss der Regionen „Offshore-Windenergie: Zur Erreichung der energiepolitischen Ziele für 2020 und danach erforderliche Maßnahmen", KOM/2008/0768, 13.11.2008, zu finden unter http://eur-lex.europa.eu/ LexUriServ/LexUriServ.do?uri=CELEX:52008DC0768:DE:HTML (konsultiert am 22.01.2009)

Interessante Links

[1] Agentur für Erneuerbare Energien
     http://www.unendlich-viel-energie.de

[2] Agence de l'Environnement et de la Maîtrise de l'Energie (ADEME)
     http://www.ademe.fr

[3] Ambassade de France en Allemagne
     http://www.botschaft-frankreich.de

[4] Bundesministerium für Umwelt, Naturschutz und Reaktorsicherheit (BMU)
     http://www.bmu.de

[5] Bundesverband WindEnergie e.V. (BWE)
     http://www.wind-energie.de

[6] Deutsche Energie-Agentur GmbH (dena)
     http://www.dena.de

[7] Deutsches Windenergie-Institut GmbH (dewi)
     http://www.dewi.de

[8] European Wind Energy Association. (EWEA)
     www.ewea.org

[9] France Energie Eolienne
     http://fee.asso.fr

[10] Future Energy France
     http://www.bec-berlin.de

[11] Koordinierungsstelle Windenergie
     http://www.wind-eole.com

[12] Ministère de l'écologie, de l'énergie, du développement durable et de l'aménagement du
     territoire (MEEDDAT)
     http://www.ecologie.gouv.fr

[13] Stiftung Offshore Windenergie
     http://www.offshore-stiftung.de

[14] Syndicat des Energies Renouvelables (SER)
     http://www.enr.fr

[15] „Windmonitor" der Universität Kassel
     http://reisi.iset.uni-
     kassel.de/pls/w3reisiwebdad/www_reisi_page_new.show_page?page_nr=22

Une brève histoire du futur de la biomasse et des biocarburants en relation avec les biotechnologies blanches

Prof. Gérard GOMA, Dr. Carole MOLINA-JOUVE

Université de Toulouse, INSAT, UMR INSA/CNRS/INRA
Laboratoire d'Ingénierie des Systèmes Biologiques et des Bioprocédés (LISBP)
Equipe Génie Microbiologique et Innovation Bioprocédés
135, Avenue de Rangueil, 31077 Toulouse Cedex, France
E-mail: goma@insa-toulouse.fr

Résumé

Notre contribution répond à deux questions, l'une relative à l'avenir de la biomasse et de sa contribution potentielle au bouquet des énergies dans les années 2025/2030, l'autre, à la stratégie biocarburants pour les années à venir avec un focus sur les biocarburants générés par les biotechnologies blanches. Nous commencerons par une perspective et un panorama des futurs biocarburants.

- Quelle stratégie biocarburants ? Quelles complémentarités dans l'espace et le temps des trois générations de biocarburants ? Quelle cible pour les biocarburants liquides ?

Après avoir défini les trois générations de biocarburants, nous discutons les conséquences du paradigme nouveau pour les biocarburants : *« le meilleur remplaçant des hydrocarbures est l'hydrocarbure »*. La conséquence est la recherche de molécules de plus en plus en plus réduites tendant vers l'hydrocarbure, faisant évoluer des esters méthyliques d'huiles végétales (EMHV) et du bioéthanol vers les butanols, alcools iso amyliques, alcools à longue chaîne de carbone, terpènes et n-alcanes (décarboxylation d'acides gras ex corps gras animaux, végétaux, huiles d'organismes unicellulaires (HOU), lipides d'algues, etc.).

- La biomasse est-elle une matière première suffisamment abondante et d'un coût compatible pour contribuer au bouquet énergétique des années 2025/2030 avec pertinence sur le plan écologique ?

Evitons le débat sur la concurrence alimentaire / non alimentaire et focalisons nous sur les déchets agroindustriels (5 milliards de tonnes / a) et sur l'état d'exploitation de la forêt mondiale (4 milliards d'hectares avec une exploitation moyenne de 1 m^3/ha/a). La valeur écologique d'une forêt est liée à son taux d'exploitation et à l'élimination des possibilités de méthanisation de ses déchets. Le taux d'exploitation des forêts pourrait aisément être ramené à 2 m^3/ha/a de bois soit 4 milliards de m^3 annuels représentant l'équivalent de 1,75 Gtep soit 15 % de la consommation actuelle d'énergie. La récupération maximaliste des déchets agroindustriels pourrait amener une contribution d'un milliard de tep supplémentaire. Ces deux chiffres – réalistes – montrent l'impact certain de la biomasse sur la constitution d'un bouquet énergétique futur. Par ailleurs, si l'on exerce une analyse critique sérieuse sur l'impact écologique des forêts, deux observations peuvent être formulées : d'une part, la traque à la méthanisation des résidus annuels doit être menée avec obstination, d'autre part la séquestration du CO_2 par photosynthèse pourrait être améliorée par la conception de plantes sur lignifiées (qui améliorerait et la valeur énergétique – application bois de chauffe et production de « syngaz » – et matériau du bois) ou sous lignifiées qui favoriserait la dépolymérisation des lignocelluloses.

Les synergies existant entre les gisements biomasse non concurrentiels des matières premières alimentaires et de leurs valorisations en carburants liquides sont discutées.

Mots-clés

Biomasse, biocarburants, biotechnologies blanches, ressource, potentiel

1   Introduction

L' « International Energy Agency » (IEA) prévoit que les investissements globaux pour l'énergie seront entre 2008 et 2030 de 32 300 milliards de dollars US. Moins de 1 % seront consacrés à la biomasse et aux biocarburants. Pourtant sur les 11,2 milliards de tep que représentait la consommation mondiale en 2005 en énergie, la contribution de la biomasse au bouquet énergétique représentait suivant les estimations de l'ordre de 5 %. Notre analyse considère que la croissance – voire la décroissance – ne peut s'opérer sans demande en carbone fossile et renouvelable au plan mondial. Une exploitation rationnelle en logique de développement durable du potentiel de la biomasse ne justifie pas une si faible part d'investissements. En effet, l'évolution prévisible des innovations dans le domaine de la production, récolte et valorisation rationnelle de la biomasse et des besoins en biocarburants ouvre des scénarios possibles. Les outils de conversion physico-chimiques et biologiques ouvrent des perspectives d'intérêt sociétal. Notre métier de biotechnologue nous amène à décrire un scénario exploitant de manière majoritaire les filières biologiques. Un scénario équivalent pourrait être réalisé sur la base du potentiel des filières physico-chimiques et thermiques. Loin de se concurrencer, les deux voies d'accès aux bioproduits et aux biocarburants sont complémentaires, et l'avenir de la ressource et de la transformation des biomasses passera par les deux voies. L'autre parti

pris de cette contribution est de prendre en ligne de mire l'aspect carburant liquide
carboné, certes en concurrence avec la traction électrique ou à l'hydrogène, car les
perspectives offertes nous permettent de penser que la filière carburants hydrocarbonés
survivra, même après le « peak oil ».

2   Les bases d'un scénario de la filière « biocarburants » et « biomasse » : quels biocarburants dans le futur ?

Les perspectives réalistes des biocarburants sont liées à leur nature actuelle et future, mais
aussi à la disponibilité de la ressource en matières premières. Il existe un besoin
international de trouver – de manière significative – des substituts au carbone fossile en
tenant compte de la lutte contre les gaz à effet de serre (GES) – facteur 4 –, des nouvelles
réglementations « Reach », mais aussi en veillant à l'indépendance – voire l'autarcie –
vis-à-vis du carbone fossile dans le respect de ne pas toucher à la ressource alimentaire et
aux terres qui lui sont réservées.

Notre démarche s'appuie sur les biocarburants pour trois raisons essentielles :

- Le monde consomme, de manière globale, 11,3 Gtep/a de pétrole. L'énergie
  sous forme liquide – qui est une forme de grande praticité – et les carburants
  conventionnels représentent 4 Gtep/a. Les carburants de traction, aérienne,
  marine, routière, représentent 1,75 Gtep/a. *La conversion gaz en liquide (GTL),
  charbon en liquide (CTL), biomasse en liquide (BTL) est un axe de recherche et
  développement intensément soutenu.*

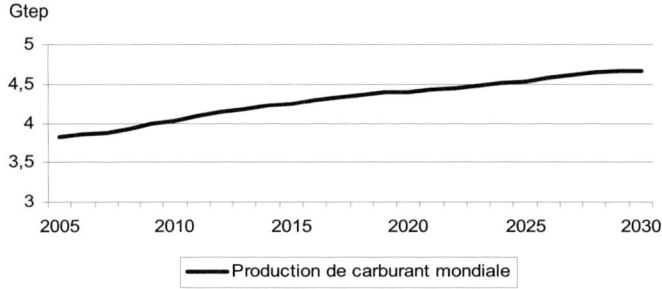

Fig. 1: Production de carburant mondiale entre 2005 et 2030.

- Politiquement, il a été décidé l'insertion de biocarburants : 10 % en Europe d'ici à 2020, 17 % en 2017 aux USA. Ces chiffres sont significatifs d'un besoin certain. Si la valeur « développement durable » des biocarburants est avérée, ces proportions pourraient être augmentées.

- Les enjeux scientifiques et technologiques de la filière biocarburants sont à l'intersection des technologies conventionnelles des bioindustries et des technologies de rupture de la biologie moderne. Nous sommes en présence d'un grand challenge « alliant excellence scientifique et pertinence sociétale ».

2.1 Une possible évolution des futurs biocarburants

2.1.1 Quelques définitions nécessaires

Il est nécessaire de définir les divers biocarburants potentiels. Le bioéthanol et le biodiesel (esters méthyliques d'huiles végétales – EMHV) obtenus *à partir des substances de réserve de la plante* sont les seuls carburants produits à ce jour. Ils sont dénommés carburants de première génération – 1G. Mondialement et à 87 % c'est l'éthanol qui est produit, pour partie aux USA à partir des grains de maïs, et au Brésil à partir de canne à sucre. Ces biocarburants 1G ont été contestés, à tort ou à raison. Arrive la génération de biocarburants 1,5G constitués des mêmes biocarburants mais obtenus à partir de la plante entière (qui valorise les substances de « maintien » (partie lignocellulosique) de la plante. Ils sont actuellement au stade « pilote » et des premiers investissements industriels. La compétence acquise sur la partie lignocellulosique grâce à la génération 1,5G amène la deuxième génération de biocarburants – 2G – pour lesquels la matière première est seulement constituée de lignocelluloses, c'est-à-dire des produits de la photosynthèse absolument non comestibles par l'homme et qui constitue l'essentiel de la production photosynthétique mondiale séquestrant le CO_2 grâce à l'énergie solaire.

L'innovation en termes d'évolution des biocarburants est venue des critiques apportées aux biocarburants conventionnels : pour l'éthanol, sa densité énergétique est considérée trop faible, bien que l'émission de CO_2 au kilomètre parcouru soit la plus performante, pour les EMHV la productivité à l'hectare (1,1 tep) est considérée trop faible. Pourtant la quantité de GES émise lors de la combustion de l'éthanol reste beaucoup plus faible que celle liée à l'utilisation des essences ou d'autres biocarburants.

2.1.2 Etat de l'art en 2009

L'éthanol 1G est essentiellement produit aux Etats Unis à partir de maïs, et au Brésil à partir de canne à sucre (les deux pays totalisent 87 % de la production mondiale). C'est une technologie mature qui pourrait encore largement être améliorée. Le coût des enzymes d'hydrolyse des grains se situe aux environs de 2 à 4 % du prix de l'éthanol. Celui-ci est devenu compétitif par rapport au prix de l'essence. L'Europe produit son éthanol à partir du maïs et du blé. Le coût des matières premières est d'environ 50 à 60 % du prix final de l'éthanol.

Le biodiesel est le biocarburant majeur de l'Europe (son parc diesel automobile est majoritaire). Il est produit à partir du colza ou du tournesol – plantes oléo-protéagineuses – dont l'huile ne représente que 28 % du contenu énergétique de la plante entière. L'huile est hydrolysée pour libérer du glycérol (10 %) et des acides gras sont estérifiés par le méthanol (certainement dans le futur par l'éthanol) de façon à produire les « esters méthyliques d'huiles végétales » (EMHV). Le glycérol reste un sous-produit dont il faut trouver une valorisation.

L'évolution vers les biocarburants 1,5G conduit, par rapport aux données actuelles, à valoriser le résidu de plante entière, soit par combustion, soit par la voie de « l'éthanol cellulosique » qui aurait l'avantage de pouvoir restituer aux sols de la matière organique. Cette dernière voie est en cours d'investissements industriels aux Etats-Unis. Elle nourrit la courbe d'expérience de l'éthanol « tout cellulosique » 2G.

Les voies 1,5G et 2G ont été possibles par suite des progrès réalisés sur les prétraitements de déconstruction des lignocelluloses et par les progrès accomplis sur les activités spécifiques et les productivités de production des enzymes lignocellulasiques : les lignocellulases. Genencor/Danisco et Novozyme sont les sociétés leader. Novozyme annonce pour 2010 la commercialisation d'un « mix enzymatique » permettant un coût de production de l'éthanol 2G totalement cellulosique de 2 à 4 $ US le gallon, coût voisin de celui de l'éthanol 1G.

2.1.3 Rôle des exigences et des évolutions simultanées « technologies pull » et « technologies push »

Technologies « pull »

La société s'est, au moment de l'augmentation des prix alimentaires, émue de l'essor des biocarburants et en a fait un bouc émissaire. Certains les ont alors appelés « les nécrocarburants » et ont voué aux gémonies les biocarburants 1G. Ces critiques, excessives car n'analysant pas (ou ne voulant pas analyser) les vraies causes de la crise alimentaire, ont eu le mérite de faire réfléchir sur le « tout biocarburant 1G » et d'accélérer la venue des carburants 1,5G et 2G avec ses dégoulottages de goulets d'étranglement : prétraitements, coût de l'hydrolyse enzymatique, valorisation des lignines, fermentations de sucres issus de l'hémicellulose (sucres en C5), aspects logistiques et analyse des résistances aux changements, etc.

Trois types d'innovations sont apparus :

Enzymes lignolytiques de performance

Les recherches sont poussées dans le domaine des microorganismes issus de biotopes extrémophiles conduisant à des enzymes de large spectre d'action vis-à-vis du pH et thermorésistantes. L'impact économique du coût de l'hydrolyse a été considérablement réduit et les prévisions pour 2010 de Novozym (cf. paragraphe 2.1.2) l'attestent.

Prétraitements

La déconstruction des lignocelluloses nécessaire pour séparer lignines, hémicelluloses et celluloses afin de les rendre accessibles soit aux enzymes, soit aux microorganismes, a entraîné le développement de procédés à la vapeur, de l'extraction acido-basique, mais aussi de technologies maîtrisées par les papetiers et les producteurs de pâtes. La conjonction de ces efforts, alliée au développement des enzymes de performances et de microorganismes fermentant les C5, conduit à une économie d'obtention de l'éthanol 2G probablement rentable et en cours d'évaluation sur une trentaine de pilotes industriels dans le monde. Il est réaliste de penser que dans les cinq ans à venir cette technologie sera mature et compétitive, à moins que le cours du pétrole soit inférieur à celui des années antérieures à 2000.

Hydrolyse drastique des lignocelluloses

Les investigations sur la pyrolyse et la gazéification des lignocelluloses ont conduit à la production de « syngaz », mélanges de CO, H_2 et CO_2, produits pour alimenter les réacteurs de synthèses par catalyseur en procédé de type « Fischer-Tropsch ». Ces gaz peuvent conduire au méthanol, et par voie biologique au bioéthanol et à quelques alcools supérieurs. La société Coskata développe son procédé qui conduirait à 400 L d'éthanol à la tonne de bois sec. L'avantage de l'utilisation de « syngaz » résulte dans l'utilisation de biomasses très variées mais aussi de résidus carbonés trouvés dans les ordures ménagères ou de toutes origines.

Technologies « push »

En termes de biocarburants, les contraintes nouvelles sont variées, émanant à la fois de constructeurs de moteurs et de véhicules de locomotions (terre, air, mer), de pétroliers, de distributeurs, de citoyens. Les chercheurs développent de nouvelles molécules – ou des mélanges de molécules – conduisant à des biocarburants plus compatibles avec les exigences nouvelles. Ces chercheurs exploitent les potentialités des technologies conventionnelles et de rupture liées à la biologie à haut débit et à la biologie synthétique. Leurs efforts sont simultanés en biotechnologies vertes (plantes) et blanches (biotechnologie industrielle). A titre d'exemples non exhaustifs mais représentatifs, nous citerons quelques faits remarquables.

Rôle des biotechnologies vertes

De gros investissements sont en cours sur :

- la modulation du contenu en lignine des plantes en vue soit d'en réduire la teneur pour faciliter la déconstruction des celluloses et des hémicelluloses puis l'hydrolyse enzymatique conventionnelle, soit d'en augmenter la teneur afin d'accroître la valeur matériau du bois d'une part et d'autre part la teneur en hydrogène des syngaz,

- l'identification des gènes conduisant à des molécules à valeur biocarburant dans les plantes afin de les transférer dans des microorganismes « hôtes » d'intérêt industriel, futures « usines cellulaires » productrices de ces molécules. Parmi ces futurs biocarburants cibles citons les alcools et acides gras à longue chaînes, le squalène, les paraffines, les terpénoïdes et leur monomère, l'isoprène, mais aussi des fonctions biologiques de plantes à transférer, le système « RubisCO » de fixation du CO_2 et de photosynthèse, les pools enzymatiques – dont de décarboxylation des acides gras.

Apport des biotechnologies blanches

Cet apport présenté ici de manière factuelle et non exhaustive permet de dessiner un futur possible des biocarburants. Une avancée considérable a été effectuée par la production d'isoprène par transfert de gène de la voie du mévalonate d'*Artemisia annua,* plante productrice de l'artémisine (un anti-paludéen) dans *Escherichia coli.* Deux sociétés en revendiquent le développement de procédés : Amyris et Danisco/Genencor associés à Goodyear. Les perspectives sont ouvertes pour la production de monoterpène (C10), carburant compatible aux exigences de l'aviation, et de diterpène (C15), candidat biodiesel.

Un autre type d'avancée significative est la production de biodiesels (et biokerosènes) à partir de sucres et de glycérol. Elle est à mettre en parallèle avec les bioproductions de lipides par les algues en autotrophie (biocarburants de troisième génération).

La production massive de lipides par l'agriculture – plantes lipogènes d'une part et molécules osidiques d'autre part (convertibles en lipides) – et l'algoculture ouvrent la voie à leur transformation en paraffines par décarboxylation. La société UOP revendique par voie catalytique la maîtrise de cette transformation, les biologistes revendiquant le développement d'une voie enzymatique de décarboxylation.

A partir de ces exemples, le scénario du futur des biocarburants peut s'établir avec réalisme.

2.2 Un scénario du futur des biocarburants

Il est raisonnable de penser que certains faits seront irréversibles par suite de l'évolution du prix du pétrole, de besoins sociétaux (GES anthropiques), de faits technologiques tangibles et de contraintes de la distribution.

- Actons qu'en termes de logistique on ne peut pas avoir autant de pompes de distribution que de biocarburants. Nous aurons donc :
  - des biocarburants miscibles aux carburants actuels comme c'est le cas actuellement avec les EMHV et l'éthanol,
  - des biocarburants *aptes à être compatibles avec les procédés actuels de raffinage* (réformage catalytique), l'entrée du biocarburant se faisant à l'entrée du réformage et non à la sortie par mélange à la coupe pertinente.

  Le paradigme de certaines sociétés – dont LS9, « *le meilleur substitut aux hydrocarbures, c'est l'hydrocarbure* » se réalisera.

- La compétition terres arables à vocation alimentaire et non alimentaire trouvera un équilibre priorisant l'alimentation mais ne laissant rien perdre en terres à vocation de cultures énergétiques. La valorisation des forêts – en termes de génie écologique – sera un devoir. Les résidus de son entretien écologique constitueront l'essentiel de l'apport en matière première pour la production de biocarburants 2G.

- *La production de biocarburants 1G résorbera les excédents agricoles* que les politiques, qui auront priorisé l'autosuffisance alimentaire, feront valoriser sans casser les marchés. Cette logistique sera alimentée et dopée par la production de biocarburants 1,5G.

- *La production de biocarburants 2G sera majoritaire* d'une part vers le bioéthanol, d'autre part vers les nouveaux carburants 2G directement miscibles aux « pétro-carburants » fossiles et par ailleurs compatibles aux traitements pétroliers conventionnels. *Cette perspective est envisageable pour 2020.*

- *La chimie des agrocarburants et la biologie des agrocarburants seront en synergie et œuvreront de concert avec la pétrochimie.*

3   Le gisement biomasse mondial permet-il un rôle significatif des biocarburants : quel scénario possible ?

La biomasse peut servir en termes d'énergie primaire (l'une des formes initiales d'énergie avec le bois de chauffe) et d'énergie sous forme liquide après transformation BTL. Quelques rappels sont nécessaires.

3.1 Le gisement potentiel en biomasse

Nous raisonnerons au plan mondial et global sur les productions photosynthétiques liées à l'énergie solaire. Pour mémoire, rappelons que la production de 1 kg de biomasse revient à fixer 1,4 kg de CO_2 associé à une production d'oxygène en période diurne ; en phase nocturne cette biomasse « respire » et consomme de l'oxygène en restituant une partie du CO_2. Comme toute matière vivante, la biomasse mourra et se dégradera soit totalement, soit partiellement. Cette dégradation peut s'effectuer par voie aérobie (oxydative, le meilleur des cas puisque les produits finaux sont du CO_2 et de l'eau) ou par voie anaérobie (réductive) entraînant une dismutation de la biomasse en CO_2 et méthane. Ce dernier gaz est un gaz à très fort effet de serre. Il serait raisonnable de minimiser et même de faire la traque à ce dernier processus de dégradation dans une logique de génie écologique global.

L'énergie solaire incidente sur la planète entraîne un flux de production de biomasse de 20 GteqC (tonnes en équivalent carbone) sur la partie terrestre et 15 GteqC sur la partie océanique. Le stock qui en résulte est de 20 000 GteqC sur terre et 15 000 GteqC en zone océanique.

Un devoir écologique est la bonne gestion en priorité des stocks à deux niveaux de gestion :

- des ratios séquestration/respiration avec pour conséquence la détermination de l'âge optimal de la biomasse afin de maximiser la séquestration du CO_2,

- le prélèvement des végétaux morts afin de minimiser les réactions productrices de méthane – gaz ayant un effet de serre 30 à 100 fois plus nocif que le CO_2 suivant les auteurs. Il est gênant qu'un bilan sur la production de méthane par les forêts tropicales humides n'ait pas été réalisé et que ne soit mise en exergue que la production d'oxygène et la séquestration de CO_2.

Soulignons que sur une surface terrestre de 13 Gha, 1,4 sont cultivés et 4 sont occupés par les forêts. La production agricole est d'environ 5 Gt : 3 pour la consommation humaine, 2 pour des valorisations non alimentaires (VANA). L'exploitation des forêts se traduit par un prélèvement annuel moyen de 1 m^3/ha/a (ce qui est peu).

Un bilan sur les productions de résidus agricoles à été réalisé par l'IFP (Stéphane His) ; il est porté sur le tableau suivant. Il met en évidence que le potentiel « énergétique » est de 13,5 Gt soit 6,5 Gtep. Si l'on met en perspective avec la consommation globale en énergie de 11,3 Gtep, on se situe à un niveau supérieur à 50 % de la demande. La production VANA de ce tableau tient compte de la production d'énergie primaire (bois énergie).

	Quantité de biomasse [Gt]
Produits forestiers	2,36
Produits agricoles non alimentaires	5,33
Résidus agricoles	3,5
Résidus industries du bois	2,5
Autres résidus (graisses, etc.)	0,19
Total	13,5 soit 6 Gtep

Tab. 1: Quantité de biomasse énergétique dans le monde (seul 1/5 de cette ressource est utilisée).
Source : Stéphane HIS (IFP).

3.2 Un scénario considérant une contribution significative de 20 % de la biomasse au bouquet énergétique mondial en 2020

La projection de la consommation énergétique mondiale en 2020 peut se situer (source IEA) à hauteur de 15 Gtep. Sur une hypothèse de 20 % à partir de la biomasse, la contribution de la biomasse serait à hauteur de 3 Gtep.

Un scénario réaliste doit prendre en compte toute les formes de biomasse possible, y compris les biomasses issues de grandes cultures, sans ranimer le débat sur la compétition alimentaire / non alimentaire.

3.2.1 La biomasse issue des grandes cultures : biocarburants 1G et 1,5G

La dernière crise alimentaire a démontré qu'il y avait un manque de production de 2 % des produits de grandes cultures. Les incidences spéculatives, dont la baisse des stocks de régulation, les évolutions des modes alimentaires dans les pays émergents (accroissement de la ration protéique) et surtout les évolutions climatiques (sécheresse en Australie, inondations dans d'autres zones) plaident pour un excédent de production alimentaire systématique pour satisfaire au devoir politique de nourrir l'humanité. Ces excédents – de devoir politique – ne doivent pas casser le revenu des agriculteurs. Ces excédents pourraient être orientés vers la production de biocarburants 1,5G. Le pourcentage de surproduction serait un élément de décision politique qui serait établi à partir des statistiques FAO (Organisation des Nations Unies pour l'Alimentation et l'Agriculture) et des projections démographiques. Estimé à 4 %, cet excédent représenterait 0,5 Gt/a soit encore 0,25 Gtep/a.

3.2.2 L'exploitation systématique des résidus de productions agricoles

On rentre dans la logique des utilisations pour l'énergie primaire et biocarburants 2G. Le tableau dressé par l'IFP indique une disponibilité de 6 Gtep. La seule exploitation de 50 % de cette ressource amènerait 3 Gtep et serait suffisante pour passer à 20% de la demande énergétique en 2020.

3.2.3 Le développement des cultures à vocations énergétiques type miscantus

Par hypothèse, ces cultures ne doivent pas être en concurrence avec les zones cultivées pour l'alimentaire, mais s'installer sur des terres non ou mal utilisées. Leur productivité est estimée en zone tempérée entre 15 et 22 t/ha/a. Leur développement pourrait s'effectuer sur des terres de moyenne valeur. Le potentiel de développement est difficile à estimer à ce jour mais cette production sera à considérer dans les années post 2020.

3.2.4 L'exploitation rationnelle des forêts et de la sylviculture

Les forêts, pour avoir un intérêt écologique amplifié, doivent être gérées sous contraintes de développement durable avec une évaluation de l'âge optimal de la biomasse et de la quantité de prélèvement optimal des flux et stocks. Sans rentrer dans le détail, soulignons que le seul doublement du prélèvement actuel de 1 m^3/ha/a sur les forêts mondiales (pour mémoire le flux de production annuel est de 8 à 12 m^3/ha/a en zone tempéré et de 40 à plus de 100 m^3/ha/a en zone tropicale humide) porterait la production mondiale à environ 8 Mio. m^3/a soit un équivalent de plus de 2,7 Gtep/a. Il faut noter que cette stratégie créatrice d'emplois locaux, bien que réaliste, nécessite aussi une volonté politique.

N.B. : Nous avons argumentés sur l'exploitation de la seule ressource terrestre en occultant les productions marines, ce qui est un argumentaire à minima.

4   Résultats et conclusions

Les évolutions sur les biocarburants amènent à deux remarques essentielles :

- la production de bioéthanol 1G, 1,5G et 2G est irréversible,
- une partie sensible de biocarburants seront produits par les pétroliers de manière conventionnelle mais a partir d'une matière première issue d'une première *conversion* soit biologique soit thermochimique. Les problèmes de logistique de distribution seront simplifiés.

Des objectifs de 10 à 20 % de biocarburants dans les années post 2020 sont réalistes sans nuire à l'alimentation humaine.

La contribution de la biomasse au bouquet énergétique mondial à une hauteur de 20 % est aussi possible avec une gestion raisonnable de type développement durable des produits de la photosynthèse. La gestion des résidus des agro-productions et de la forêt sont les éléments majeurs de la ressource. Une prise de conscience écologique et politique est nécessaire dans la rationalité et l'objectivité.

La ressource existe : il faut une volonté politique avec une vision écologique rationnelle et quantifiée non émotionnelle.

Il serait aussi avisé d'investir plus sur la biomasse qui, dans les investissements mondiaux énergétiques des années 2006 à 2030, est le grand parent pauvre – 1 % selon l'IEA.

Erzeugung und Einspeisung von Methan aus Biomasse

Dr. Frank GRAF

KIT – DVGW-Forschungsstelle am Engler-Bunte-Institut
Gastechnologie
76131 Karlsruhe, Deutschland
E-Mail: graf@dvgw-ebi.de, Tel.: +49 (0)721 96402-21

Kurzfassung

Die Erzeugung von Methan aus Biomasse und die Einspeisung in das Erdgasnetz stellt eine interessante Variante der Nutzung von Biomasse dar, die im Vergleich zur lokalen Strom- und oder/Wärmeerzeugung eine Entkopplung von Erzeugung der Biomasse und Energienutzung ermöglicht. Methan kann aus Biomasse entweder fermentativ oder thermochemisch gewonnen werden. Derzeit wird in Deutschland an 15 Standorten aufbereitetes Biogas in das Erdgasnetz eingespeist. Die thermochemische Umwandlung von ligninreicher Biomasse zu Methan wird aktuell an einer Demonstrationsanlage in Güssing getestet. Um die Technologie am Markt zu etablieren, müssen zahlreiche Verfahrensschritte für den Einsatzstoff Biomasse optimiert und umfangreiche Betriebserfahrungen gesammelt werden. Im vorliegenden Beitrag werden die beiden Prozessketten vorgestellt und die für die Einspeisung in das Erdgasnetz gelten Rahmenbedingungen in Deutschland näher erläutert.

Stichworte

Biogas, Gasaufbereitung, Holzvergasung, SNG, Gaskonditionierung, Einspeisung

1 Einleitung

Die Erzeugung von Methan aus Biomasse und die Einspeisung in das Erdgasnetz stellt eine interessante Variante der Nutzung von Biomasse dar, die im Vergleich zur lokalen Strom- und oder/Wärmeerzeugung eine Entkopplung von Erzeugung der Biomasse und Energienutzung ermöglicht. Methan kann aus Biomasse entweder fermentativ oder thermochemisch gewonnen werden. Während die Erzeugung von Methan durch Fermentation und die anschließende Einspeisung in das Erdgasnetz in Deutschland inzwischen eine etablierte Technologie darstellen, steht die thermochemische Erzeugung von SNG noch nicht im Vordergrund der Aktivitäten. Ende 2008 speisten in Deutschland 15 Anlagen aufbereitetes Biogas in das Erdgasnetz ein. 2009 sollen 10 bis 15 weitere Anlagen in Betrieb genommen werden.

Ein Vergleich der durch die verschiedenen Verfahren aus dem technischen Biomassepotenzial erzeugbaren Methan-Ströme zeigt, dass das Potenzial der thermochemischen Erzeugung im Vergleich zur fermentativen Erzeugung in Deutschland deutlich größer ist (siehe Abb. 1). Dies gilt insbesondere dann, wenn im Bereich der Energiepflanzen auch thermochemisch umwandelbare Sorten wie Kurzumtriebspflanzen angebaut werden. In diesem Zusammenhang ist auch zu erwähnen, dass die Reststoffe aus der thermochemischen Umwandlung in Form von Asche nur noch etwa 1 Mass.-% der eingesetzten Biomasse betragen, während bei sich der Fermentation etwa 20 bis 30 % der organischen Trockenmasse nicht umsetzen lassen (z.B. Lignin) und wieder mit dem Gärrest ausgetragen werden. Neben den Kosten für den Transport kann sich die Ausbringung der Gärreste infolge von Überdüngung negativ auf die Grundwasserqualität auswirken [1], was bei der Betrachtung und Bewertung entsprechender Konzepte Berücksichtigung finden muss.

Im Folgenden werden die beiden Prozessketten vorgestellt und die für die Einspeisung in das Erdgasnetz gelten Rahmenbedingungen in Deutschland näher erläutert.

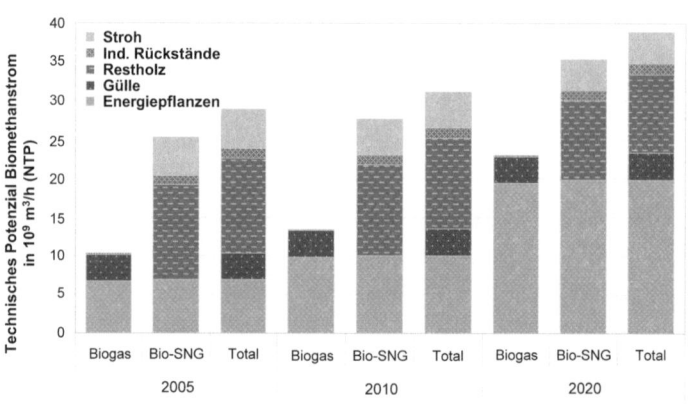

Abb. 1: Potenzial zur Methanerzeugung aus Biomasse in Deutschland [2].

2 Prozesskette Biogas

2.1 Biogaserzeugung

Die Erzeugung von Biogas durch Fermentation ist ein mehrstufiger Prozess, bei dem fermentierbare Biomasse wie Mais, Weizen, Gülle oder Lebensmittelreste unter Luftabschluss biochemisch bei Temperaturen von 30 bis 52 °C umgesetzt wird [3, 4]. Je nach Wassergehalt des Substrats wird zwischen Nass- und Trockenfermentern unterschieden. In Deutschland werden derzeit etwa 4 000 landwirtschaftliche Biogasanlagen betrieben [5], die überwiegend Strom produzieren.

Biorohgas enthält neben Methan als weitere Hauptkomponenten CO_2 und H_2O. Die Methangehalte liegen je nach Biomasse im Rohbiogas in einem Bereich zwischen 45 - 70 Vol-% (Tab. 1) und die CO_2-Gehalte entsprechend zwischen 30 - 55 Vol-%. Außerdem sind im Biorohgas Spurenstoffe wie H_2S, NH_3 oder Siloxane enthalten, deren Konzentration stark vom Ausgangmaterial abhängt.

Bezeichnung	Einheit	Typische Werte für Rohbiogas
Brennwert $H_{S,n}$	MJ/m³	21,6 - 27,0
Relative Dichte	-	~ 0,9
Methan	Vol.-%	45 - 70
Kohlendioxid	Vol.-%	30 - 55
Wasserstoff	Vol-%	< 1
Stickstoff	Vol.-%	0,01 - 5 ohne/mit Lufteintrag zur S-Entfernung
Siloxane	mg/m³	0,1 - 2
Ammoniak	ppmv	0,01 - 3,3
Kohlenwasserstoffe: Kondensationspunkt	°C	< 100 ppm
Wasser: Taupunkt		gesättigt
Nebel, Staub, Flüssigkeit	-	-
O_2 (trockenes Netz)	Vol.-%	0,01 - 5 ohne/mit Lufteintrag zur S-Entfernung
O_2 (feuchtes Netz)	Vol.-%	
Mercaptanschwefel	mg/m³	-
$S_{organic}$	mg/m³	0,1 - 30
H_2S	ppmv	10 – 5 000

Tab. 1: Zusammensetzung Biorohgas.

2.2 Biogasaufbereitung

Als wesentliche Reinigungsschritte der Biogasaufbereitung können die Trocknung, die Schwefelentfernung und die CO_2-Entfernung identifiziert werden. Zur Entfernung von Kohlenstoffdioxid sind zahlreiche Verfahren wie physikalische und chemische Gaswäschen und die Druckwechseladsorption geeignet, die für die Aufbereitung von Biogas bereits kommerziell erhältlich sind [6]. Teilweise kann mit diesen Verfahren auch gleichzeitig getrocknet werden. Als Beispiele für physikalische Gaswäschen seien hier die Druckwasserwäsche, das Rectisol-Verfahren und das Selexolverfahren genannt, die alle bei erhöhten Drücken betrieben werden und damit eine Verdichtung des aufzubereitenden Gases erfordern. Mit chemischen Wäschen auf Aminbasis kann eine sehr hohe Reinheit bei niedrigen Methanverlusten realisiert werden. Die für die Regeneration des Waschmittels benötigte thermische Energie kann durch die Nutzung von Abwärmeströmen aus der Vergasung und aus der Methanisierung bereitgestellt werden. Getrocknet werden kann das aufbereitete Biogas durch absorptive und adsorptive Verfahren sowie durch Temperaturabsenkung. Bei der Auswahl der Verfahren sind auch die Einspeisebedingungen, vor allem der Einspeisedruck, zu berücksichtigen.

Es sind drei grundsätzliche Reinigungsketten zu unterscheiden, die sich im Wesentlichen durch den Ort der Entschwefelung unterscheiden [7]. Die Reinigungskette A) basiert auf einer CO_2-Entfernung mit vorgeschalteter Grob- und Feinentschwefelung. Die Reinigungskette B) ist mit einer kombinierten CO_2- und H_2S-Entfernung und einer vorgeschalteten Grobentschwefelung ausgerüstet. Die Feinentschwefelung erfolgt im Schwachgas bzw. im Abgasstrom. Die Reinigungskette C) basiert auf einer kombinierten CO_2- und H_2S-Entfernung mit nachfolgender Entschwefelung des Schwachgasstromes bzw. Abgasstromes. Der Fall A (s. Abb. 2) ist eine zu empfehlende sichere Alternative, bei der alle CO_2-Entfernungsverfahren eingesetzt werden können und bei der die geforderten Grenzwerte im Produktgas (Biogas) und im Abgas/Schwachgas eingehalten werden. Die anderen Prozessketten wurden aufgrund wirtschaftlicher, verfahrenstechnischer oder rechtlichen Gründen verworfen und werden daher im Folgenden nicht weiter betrachtet.

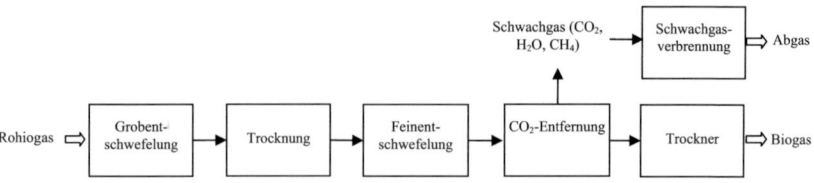

Abb. 2 CO_2-Entfernung mit vorgeschalteter Entschwefelung.

Ein Großteil der Biogasanlagen wird bei Temperaturen zwischen 35 und 55 °C betrieben und muss daher beheizt werden. Die benötigte Energie für den Eigenbedarf kann extern durch Holzpellet- bzw. Holzhackschnitzelkessel bereitgestellt werden. Bei der internen Bereitstellung werden zwischen 3 und 10 % der im Biogas enthaltenen Energie für den Eigenbedarf verwendet. Die Hauptenergieverbraucher bei der Aufbereitung sind die CO_2-Entfernung sowie die Druckerhöhung auf Netzdruck. Die physikalischen Verfahren (z.B. Druckwechseladsorption (DWA), Druckwasserwäsche (DWW)) benötigten aufgrund des höheren Druckes zur Sorption hauptsächlich elektrische Energie. Dagegen weisen chemische Waschverfahren (z.B. MEA, DEA) aufgrund der thermischen Regeneration des Waschmittels einen hohen thermischen Energieverbrauch auf. Die in Tab. 2 angegebenen Daten zum Energiebedarf basieren auf Herstellerangaben und auf theoretischen Berechnungen. Der verfahrensbedingte Methanschlupf kann beispielsweise mit Hilfe eines Floxbrenners unschädlich gemacht werden.

Typ	Strombedarf	Wärmebedarf	Methanverlust	Methangehalt im Produktgas
Einheit	kWh/m³ (Biorohgas)	kWh/m³ (Biorohgas)	%	Vol.-%
DWA	0,23 - 0,4	-	1 - 3	96 - 98
DWW	0,24 - 0,4	-	1 - 2	96 - 98
Selexol	0,19 - 0,5	-	1 - 2	96 - 98
MEA	0,13 - 0,15	0,6 - 0,75	0,1 - 1	99
DEA	0,06 - 0,2	0,44 - 0,8	0,1 - 1	99 - 99,9
Kryogen	0,18 - 0,25	-	0,1 - 1	98 - 99,99
Membran	0,35	-	2 - 15	85 - 98

Tab. 2: Technische Daten verschiedener Reinigungsverfahren.

Bei vollständiger Wärmenutzung am Ort der Biogasanlage ist die Verstromung von Biogas die energieeffizienteste Nutzungsmöglichkeit (Abb. 3). Allerdings liegen die meisten Biogasanlagen dezentral im ländlichen Raum, wo oftmals nur ein geringer Teil der vor Ort anfallenden BHKW-Abwärme genutzt werden kann. In Abb. 3 ist zu erkennen, dass die Gesamtwirkungsgrade der Prozessketten für alle betrachteten CO_2-Entfernungsverfahren in einem ähnlichen Bereich liegen. Die chemische Wäsche weist mit 61,0 % den niedrigsten Gesamtwirkungsgrad auf. Der Energiebedarf für die Prozessschritte Biogaserzeugung, Vortrocknung, Entschwefelung und Einspeisung verringert den Gesamtwirkungsgrad um etwa 5 %.

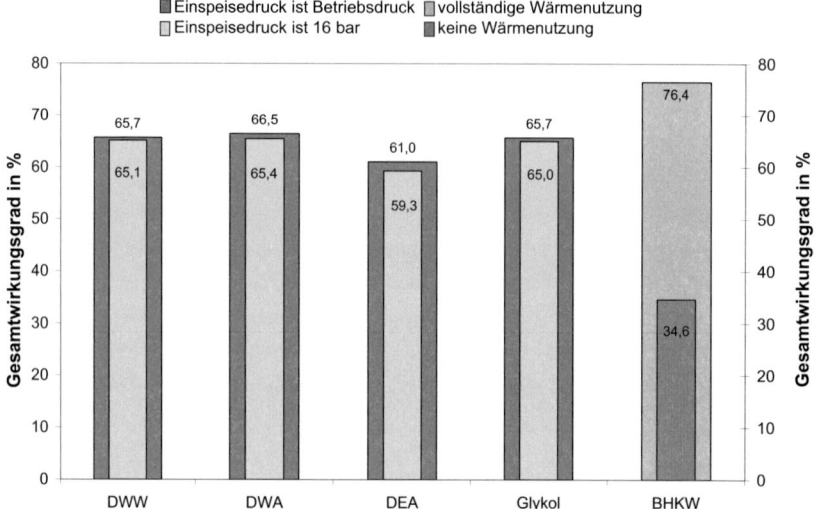

Abb. 3: Vergleich Gesamtwirkungsgrade der Prozessketten A und der BHKW-Nutzung vor Ort
im Winterbetrieb (Betriebsdruck DWW = 10 bar, Betriebsdruck DWA = 4 bar,
Betriebsdruck DEA = 1 bar, Betriebsdruck Glykol = 7 bar).

Insgesamt kann festgehalten werden, dass für die Aufbereitung von Biorohgas
zahlreiche Verfahren kommerziell angeboten werden. Die Praxistauglichkeit wurde
deutschlandweit inzwischen in 15 Einspeiseprojekten nachgewiesen. Alle Verfahren
haben Vor- und Nachteile und müssen individuell für jedes Einspeiseprojekt ausgewählt
werden. Hierbei ist darauf zu achten, dass die gesamte Aufbereitungskette inklusive der
Abgasbehandlung betrachtet wird. Weiterentwicklungen sind insbesondere in der
Minimierung des Methanschlupfs und des spezifischen Energieverbrauchs zu erwarten.

3   Prozesskette SNG

Die Umwandlung trockener, ligninhaltiger Biomasse zu SNG durch thermische
Vergasung und anschließende katalytische Methanisierung lässt sich zweckmäßig in die
in Abb. 4 dargestellten Prozessschritte unterteilen [8-10]. In der Vergasung wird die feste
Biomasse zunächst zu Syntheserohgas umgewandelt. Dieses muss vor der anschließenden
Methan-Synthese in verschiedenen Gasreinigungsstufen von Störkomponenten befreit
werden. In der Konvertierungsstufe (CO-Shift) wird gegebenenfalls das für die

Methanisierung notwendige H_2/CO-Verhältnis im Synthesegas eingestellt, anschließend erfolgt die eigentliche Methanisierung. Diese beiden Stufen arbeiten unter Verwendung entsprechender Katalysatoren. Nach der Methanisierung oder Methansynthese erfolgt die SNG-Konditionierung, bei der das Produktgas von CO_2 befreit, getrocknet und anschließend in das Erdgasnetz eingespeist wird. Im Folgenden werden die einzelnen Prozessschritte zur SNG-Erzeugung näher erläutert und typische Verfahrenskonzepte vorgestellt.

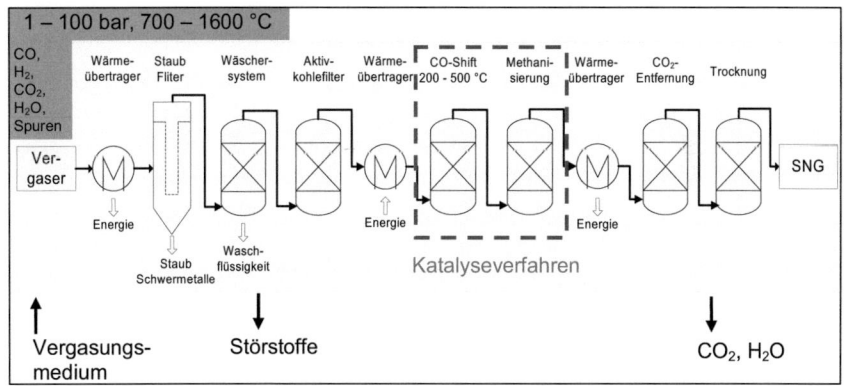

Abb. 4: Prozesskette der SNG-Erzeugung aus Biomasse.

3.1 Vergasung

Biomasse kann bei Temperaturen zwischen 600 und 1 300 °C und bei Drücken zwischen 1 und 100 bar mit einem Vergasungsmedium zu einem Rohsynthesegas umgesetzt werden [11]. Als Vergasungsmedium können Sauerstoff, Luft und/oder Wasserdampf eingesetzt werden. Um den Eintrag von Stickstoff in das Syntheserohgas bzw. anschließend in das SNG zu verhindern, sollte die Vergasung bei einstufigen Vergasern nicht direkt mit Luft erfolgen. Prinzipiell kann die Vergasung von trockener Biomasse in Festbett-, Wirbelschicht- und Flugstromvergasern autotherm oder allotherm erfolgen. Für die Erzeugung von SNG bietet sich aufgrund des hohen Methangehalts im Vergasungsrohgas eine Wirbelschichtvergasung an. Typische Wirbelschichtvergaser für trockene und ligninreiche Biomassen werden im Allgemeinen bei nahezu Umgebungsdruck und Temperaturen von 800 – 1 000 °C betrieben. Das Rohgas besteht hauptsächlich aus den vier Gasen Wasserstoff, Kohlenstoffmonoxid, Kohlenstoffdioxid und Methan. Hinzu kommt noch ein vom Vergasungsverfahren abhängiger Anteil an Wasserdampf; normalerweise ca. 20 % des Gesamtgases.

Besonders vorteilhaft für die Vergasung von Biomasse sind zweistufige Vergasungs-verfahren, da mit diesen ein stickstoffarmes Rohgas erzeugt werden kann. Eine typische Gaszusammensetzung am Vergaseraustritt ist in Tab. 3 dargestellt.

Als einziges Beispiel einer seit Jahren betriebenen, zweistufigen allothermen Wirbel-schichtvergasung ist die Biomassevergasungsanlage in Güssing (Österreich) zu nennen [12,13]. Eine sehr interessante Verfahrensvariante ergibt sich durch die Kopplung einer allothermen Wirbelschichtvergasung mit dem der in situ CO_2-Abscheidung durch geeignete Adsorbenzien. Dieses Verfahren wurde in den 70er Jahren des vergangenen Jahrhunderts für die Kohlevergasung entwickelt [14] und vom ZSW Baden-Württemberg für die Biomassevergasung adaptiert. Beim sogenannten AER (Absorption Enhanced Reforming)-Verfahren [15] wird die Vergasung mit einem umlaufenden Wärmeträger-medium aus Kalkstein betrieben. Zunächst wird dabei der Kalk ($CaCO_3$) im Regenerator zu CaO umgewandelt. Dieses wird heiß in den eigentlichen Vergaser eingebracht, bringt dort die zur endothermen Vergasung notwendige Energie ein und bindet gleichzeitig einen Teil des bei der Vergasung frei werdenden CO_2 durch die Rückumwandlung zu $CaCO_3$. Hierbei kann es auch zur katalytischen Reformierung höherer Kohlenwasser-stoffe aus der Vergasung der Biomasse kommen, was sich positiv auf die weiteren Gas-reinigungsschritte auswirkt. Anschließend wird der Kalkstein-Wärmeträger zusammen mit nicht vollständig umgesetzter Biomasse (Rest-Koks) in den Regenerator ausgetragen und dort durch Oxidation mit Luftsauerstoff erneut zu CaO und CO_2 umgewandelt. Durch diesen Prozess wird dass CO_2 teilweise dem Vergasungsrohgas entzogen und in das Abgas überführt.

Komponente	Rohgas Wirbelschichtvergasung (trockene) Gaszusammensetzung in Vol.-%
H_2	37,2
O_2	0,3
N_2	2,4
CH_4	10
CO	25,2
CO_2	19,3
C_2H_4	2,5
C_2H_6	0,1
C_2H_2	0,4
C_{3+}, Teere	Rest

Tab. 3: Rohgasbeschaffenheit nach allothermer Wirbelschichtvergasung von Waldholz.

Das Rohgas weist einen höheren H_2-Gehalt auf und muss daher gegebenenfalls nicht mehr katalytisch konvertiert werden. Als weiterer positiver Nebeneffekt verspricht das Verfahren auch Vorteile bei der Brennstoffauswahl, da auch Biomassen mit niedrigeren Ascheschmelzpunkten vergast werden können und daher neben Waldholz auch kostengünstige Biomassen wie Landschaftspflegeholz einsetzbar sind.

3.2 Gasreinigung

Neben den Hauptkomponenten H_2, CO und CO_2 und CH_4 enthält das Rohgas einer Wirbelschichtvergasung noch Begleitkomponenten wie N_2, Kohlenwasserstoffe bis hin zu Teer und Ruß. Ferner sind in dem Rohgas unerwünschte Störstoffe wie Staub, Alkalien, Halogenide, Schwefel- und Stickstoffkomponenten enthalten. Die meisten dieser Begleit- und Störkomponenten müssen vor den weiteren Syntheseschritten nahezu vollständig entfernt werden.

Die Gasreinigung wird in die drei Hauptschritte Teerentfernung [16], Partikelentfernung und Spurenstoffentfernung [17] unterteilt. Je nach Vergasungsverfahren enthält das jeweilige Rohgas unterschiedliche Anteile an den Störstoffen. Je höher die Rohgasaustrittstemperatur, desto niedriger ist der Anteil an nicht vollständig umgesetzten Kohlenwasserstoffen und Teeren, aber desto höher ist auf die Wahrscheinlichkeit der Rußbildung. Die Reinigung des Rohgases von diesen Störstoffen kann auf unterschiedlichen mechanischen (z.B. Heißgasfiltration mit keramischen Filterkerzen) und katalytischen Wegen (z.B. katalytische Teerreformierung oder in situ Teerreduktion durch AER-Vergasung) erfolgen. Die Teere können sowohl im ersten Schritt einer Reinigungskette katalytisch bei hohen Temperaturen als auch der Heißgasfiltration nachgeschaltet mit Hilfe von Waschverfahren oder Elektrofiltern entfernt werden. Die katalytischen Verfahren besitzen den Vorteil, dass der Kohlenstoff und der Wasserstoff des Teers weiterhin als Gas den weiteren Prozessstufen zur Verfügung stehen und keiner weiteren Behandlung bedürfen. Für die Teerentfernung mittels Wäsche stehen organische und anorganische Waschflüssigkeiten zur Verfügung. Nachteilig an Waschverfahren ist vor allem die notwendige Temperaturabsenkung vor der Wäsche, welche sich nachteilig auf den Gesamtwirkungsgrad auswirkt.

Ein weiterer notwendiger Schritt, der zweckmäßigerweise direkt nach dem Vergaser oder nach der Teerentfernung erfolgt, ist die Filtration. Die abzuscheidende Partikelmenge wird durch das Vergasungsverfahren, durch die Betriebsbedingungen der Vergasung und insbesondere durch die eingesetzte Biomasse beeinflusst. Eine Filtration direkt nach dem Vergaser muss bei Temperaturen zwischen 350 und 600 °C erfolgen. Die untere Temperaturgrenze wird durch die Gefahr der Teerkondensation festgelegt, während die maximale Betriebstemperatur durch die Flüchtigkeit von Schwermetallen begrenzt wird.

Für den dritten Schritt der Gasreinigung, die Entfernung der Spurenstoffe wie Alkalien und Halogenide, können adsorptive Verfahren und/oder Gaswäschen eingesetzt werden. Bei den adsorptiven Verfahren werden mineralische Adsorbentien (sog. Getter-Materialien) wie z.B. Kaolin eingesetzt. Diese können entweder direkt in den Vergasungsraum eingebracht werden oder sie werden nach der Vergasung mit dem Rohgas in Kontakt gebracht.

3.3 Methanisierung

Das gereinigte Synthesegas hat in der Regel noch nicht das für die Methanisierung optimale Stoffmengenverhältnis $H_2/CO = 3/1$ wie es die Stöchiometrie der Methanisierungsreaktion vorgibt. Daher wird in einer katalytischen Konvertierungsstufe der Wasserstoffanteil des Synthesegases entsprechend erhöht. Bei Anwendung des zuvor beschriebenen AER-Vergasungsverfahrens kann u.U., auf die Konvertierung verzichtet werden.

Nach der Einstellung des zur Synthese notwendigen H_2/CO-Verhältnisses, durch Konvertierung oder Anwendung des AER-Verfahrens, kann die eigentliche Methan-Synthese erfolgen. Als Reaktortypen zur Methanisierung können beispielsweise Festbettreaktoren [18], Wirbelschichtreaktoren [19] und Blasensäulen [20] eingesetzt werden. In den 70er Jahren wurden großtechnische Verfahren zur Erzeugung von SNG aus Kohle entwickelt. Eines dieser Konzepte wurde in den 80er Jahren durch den Bau einer großtechnischen Anlage mit einer Brennstoffleistung von 2 GW in North Dakota verwirklicht, in der bis heute und mit großem Erfolg SNG aus Braunkohle produziert wird [21]. In den meisten bisher untersuchten und angewandten Methanisierungsprozessen wurden in Serie geschaltete Festbettreaktoren mit zwischengeschalteten Wärmeübertragern eingesetzt.

Bei einem Großteil der genannten Verfahren wird die Methanisierung bei erhöhtem Druck (in der Regel 20 bis 80 bar) und bei Temperaturen zwischen 350 bis 500 °C durchgeführt. Die Methanisierungstemperaturen wurden bewusst hoch gewählt, um mit der entstehenden Reaktionswärme Hochdruckdampf zur Stromerzeugung zu generieren. Dieses Wärmenutzungskonzept lässt sich jedoch nicht wirtschaftlich auf deutlich kleinere Biomassevergasungsanlagen übertragen. Daher ist es ratsam, eher bei niedrigeren Temperaturen zu methanisieren und die Abwärme beispielsweise in Wärmenetze oder für die Stromerzeugung mit einem ORC-Prozess einzusetzen.

Aktuell werden verschiedene neue Reaktorkonzepte untersucht. Das Paul-Scherrer-Institut (PSI) arbeitet an der großtechnischen Umsetzung einer Wirbelschicht-Methanisierung speziell für den Einsatz in Biomassevergasungsanlagen [22]. An der Holzvergasungsanlage in Güssing wird derzeit eine 1 MW Demoanlage im Seitenstrom des Hauptgaswegs erprobt. In einem von der Landesstiftung Baden-Württemberg unterstützten Forschungsvorhaben werden vom ZSW (Stuttgart) die Methanisierung im Festbett und von der DVGW-Forschungsstelle am Engler-Bunte-Institut in Karlsruhe die Einsetzbarkeit von metallischen Wabenkatalysatoren für die Methanisierung untersucht [23,24].

3.4 Gasaufbereitung

Das erzeugte „Roh-SNG" enthält neben dem Wertprodukt Methan noch Wasserdampf und Kohlenstoffdioxid. Beide Komponenten werden mit den in Kapitel 3 besprochenen Verfahren zur Biogasaufbereitung entfernt.

4 Konditionierung und Einspeisung

Damit das erzeugte Methan als Austauschgas eingespeist werden kann, muss es aus eichrechtlichen Gründen an den Brennwert des verteilten Grundgases angepasst oder eine brennwertgenaue Abrechnung gewährleistet werden. Da der letztgenannte Fall insbesondere bei Verteilnetzen nur unter sehr hohem Aufwand zu bewerkstelligen ist, wird das eingespeiste Biogas mit Flüssiggas und/oder Luft vor der Einspeisung derart konditioniert, dass gemäß DVGW-Arbeitsblatt G 685 („Gasabrechnung") eine mittlere Abweichung des Brennwertes zum Brennwert des Grundgases von maximal 2 % vorliegt. Wird das erzeugte Methan lediglich als Zusatzgas beigemischt, muss die Mischung mit dem Grundgas das 2 %-Kriterium einhalten. In Tab. 4 sind die Zumischraten für LPG und Luft für einige in Deutschland verteilte Erdgase in Abhängigkeit vom Methangehalt des eingespeisten Methans aufgeführt.

CH_4-Gehalt nach Aufbereitung. in Vol.-%	LPG-Zumischraten in Vol.-%		Luft-Zumischraten in Vol.-%	
	Russland H-Gas $H_{S,n} = 10,878 - 11,322$ kWh/m³	Verbund H-Gas $H_{S,n} = 11,270 - 11,730$ kWh/m³	Holland I L-Gas $H_{S,n} = 9,604 - 9,996$ kWh/m³	Weser Ems L-Gas $H_{S,n} = 9,653 - 10,047$ kWh/m³
94,0	2,7 - 5,3	5,1 - 7,9	4,1 - 8,2	3,6 - 7,7
96,0	1,5 - 4,0	3,8 - 6,5	6,3 - 10,5	5,8 - 10,0
98,0	0,2 - 2,7	2,5 - 5,2	8,5 - 12,8	8,0 - 12,3
99,5	0,0 - 1,8	1,6 - 4,2	10,2 - 14,6	9,7 - 14,0

Tab. 4: Konditionierung von regenerativ erzeugtem Methan [25].

Literaturverzeichnis

[1]   Kiefer, J.; Ball, T.: Beurteilung der Erzeugung von Biomasse zur energetischen Nutzung aus Sicht des Gewässerschutzes, energie | wasser-praxis 59 (2008) 6, S. 36 - 43

[2]   Scholwin, F.: Erfüllen neue Standorte die Forderungen an neue Biomethananlagen? - Biomasseverfügbarkeit und Nachhaltigkeit, Vortrag beim Workshop „Erzeugung und Einspeisung von Biogas", 24./25.09.2008, Karlsruhe

[3]   Deublein, D.; Steinhauser, A.: Biogas from waste and renewable ressources, Wiley-VCH Verlag GmbH & Co. KG Weinheim (2008)

[4]   Bischofsberger, W.; Dichtl, N.; Rosenwinkel, K.-H.; Seyfried, C. F.: Anaerobtechnik, 2. Auflage, Springer Verlag Berlin Heidelberg (2005)

[5]   Faustzahlen Biogas, Kuratorium für Technik und Bauwesen in der Landwirtschaft e.V. Darmstadt (2007)

[6]   Urban, W.; Girod, K.; Lohmann, H.: Technologien und Kosten der Biogasaufbereitung und Einspeisung in das Erdgasnetz, Abschlussbericht BMBF-Projekt 01LS05039 (2008), www.biogaseinspeisung.de/publikationen/umsicht (2008)

[7]   Köppel, W.; Karch, U.: Verfahrenstechnische Betrachtung der Reinigung von Biogas, Abschlussbericht DVGW F&E-Vorhaben G1/04/07 (2008)

[8]   Bajohr, S., Köppel, W., Graf, F., Stehle, H-G., Reimert, R.: SNG Erzeugung auf Basis thermischer Vergasung Biomasse, DGMK-Fachbereichstagung Energetische Nutzung von Biomassen (2006), DGMK-Tagungsbericht 2006-2, Seite 177 - 184

[9]   Köppel, W.; Bajohr, S., Graf, F.; Stehle, H. G.; Reimert, R.: SNG aus Biomasse - Verfahrenstechnische Grundlagen und Herausforderungen GWF - Gas/Erdgas 148 (2007) 2, S. 87 - 94

[10] Graf, F.; Köppel, W.; Henrich, T.; Bajohr, S.; Reimert, R.: Konzepte zur Erzeugung und Einspeisung von SNG aus ligninreicher Biomasse", DGMK-Fachbereichstagung Energetische Nutzung von Biomassen (2008), DGMK-Tagungsbericht 2008-2, Seite 115 - 122

[11] Handbook of Biomass Gasification (2005), Knoef, H. A. M. (Herausgeber) btg, ISBN: 90-810068-1-9

[12] Rauch, R.; Hofbauer, H.: Zweibett-Wirbelschichtvergasung in Güssing mit 2 MWel/4,5MWth, 7. Holzenergiesymposion; ETH Zürich, Schweiz, Oktober 2002

[13] Hofbauer,H.; Rauch,R.; Loeffler,G.; Kaiser,S.; Fercher,E.; Tremmel,H.: Six Years Experience with the FICFB-Gasification Process, 12th European Conference and

Technology Exhibition on Biomass for Energy, Industry and Climate Protection; Amsterdam, June 2002

[14] Sudbury, J. D.: The CO_2-Acceptor Process, Proceedings of Synthetic Pipeline Gas Symposium 1977, S. 55 - 63

[15] Zuberbühler, U.; Specht, M.; Bandi, A.; Marquardt-Möllenstedt, T.: H2-reiches Synthesegas aus Biomasse: Der AER-Prozess, Fachtagung "Regenerative Kraftstoffe", 13./14. November 2003, Zentrum für Sonnenenergie- und Wasserstoff-Forschung, Stuttgart

[16] Köppel, W.; Bajohr, S.; Reimert, R.: Teerreformierung - ein schon gelöstes Problem?, Velen VII DGMK-Tagungsbericht 2006-2 (2006), S. 99 - 106

[17] Köppel, W.; Bajohr, S.; Reimert, R.: Rohgaskonditionierung bei hoher Temperatur – Stand der Technik, eine Übersicht. Velen VI DGMK-Tagungsbericht 2004-1 (2004), S. 161 - 168

[18] N.N.: Tremp Methanation, Hydrocarbon processing 61 (1982), S. 156

[19] Friedrichs, G. et al.: Die Comflux-Pilotanlage zur Umwandlung von Kohlevergasungsgasen in SNG, Gas Wärme international 31(1982) 6

[20] Sherwin, M. B.: Progress in Liquid Phase Methanation, Proceedings of Synthetic Pipeline Gas Symposium 1975, S. 295 - 308

[21] N.N.: Practical Experience gained during the first twenty years of operation of the great plains gasification plant and implications for future projects, U.S. Department of Energy, Office of Fossil Energy, (2006)

[22] Seemann, M.; Biollaz, S.; Schaub, M.; Aichernig, C.; Rauch, R.; Hofbauer, H.; Koch, R.: Proceedings of the 14th European Biomass Conference & Exhibition, Biomass for Energy, Industry and Climate Protection, 17 - 21 October 2005

[23] Henrich, T., Bajohr, S., Graf, F., Reimert, R.: Potenzial von katalysatorbeschichteten strukturierten Packungen für die Methanisierung biomassestämmiger Synthesegase, DGMK-Fachbereichstagung Energetische Nutzung von Biomassen (2008), DGMK-Tagungsbericht 2008-2, S. 173 - 180

[24] Bajohr, S., Henrich, T.: Entwicklung eines Verfahrens zur Methanisierung von biomassestämmigem Synthesegas in Wabenkatalysatoren, GWF-Gas/Erdgas 150 (2009) 1/2, S. 45 - 51

[25] Burmeister, F. Senner, J.: Erarbeitung wissenschaftlicher Grundlagen zur Einspeisung von Biogas in Erdgasnetze, Abschlussbericht DVGW F&E-Vorhaben G1/05/07 (2008)

Evaluation énergétique de la densification de la biomasse par pyrolyse rapide

Dr. Guillain MAUVIEL, Dr. Fairouz KIES, Mar SANS RENÉ, Dr. Monique FERRER, Dr. Jacques LÉDÉ[1]

Laboratoire des Sciences du Génie Chimique - CNRS
1 rue Granville, BP 20451, 54001 Nancy Cedex, France
E-mail : guillain.mauviel@ensic.inpl-nancy.fr, Tél. : +33 (0)3 83 17 52 07

Résumé

La pyrolyse rapide est un procédé thermique qui permet de transformer la biomasse (bois, pailles, déchets, etc.) en charbon, bio-huiles liquides et gaz (H_2, CO, CO_2, CH_4, etc.). Le rendement en bio-huiles peut atteindre 70 % si le transfert de chaleur vers la biomasse est rapide et si le temps de séjour et la température de la phase gazeuse sont réduits. Ce combustible liquide peut être valorisé par combustion directe (chaudière, brûleur, moteur, etc.) ou par gazéification pour former du gaz de synthèse (CO + H_2). Cette voie est tout particulièrement intéressante lorsque ce gaz de synthèse est transformé en bio-carburants (bio-diesel par synthèse Fischer-Tropsch par exemple). En effet, la taille des unités de gazéification envisagées dans ce cas (> 1 Mt/an) implique l'utilisation de lits entraînés sous pression (> 30 bars). L'usage de bio-huiles présente alors l'intérêt d'être aisément injectable et de permettre la densification décentralisée de la biomasse ce qui réduirait son coût de transport vers l'unité centralisée de gazéification. En effet, les bio-huiles présentent une densité de 1 200 kg/m^3 qui est bien plus élevée que la biomasse de départ.

L'objectif de cette étude est alors de comparer, sur le plan énergétique :

- le transport direct de la biomasse (bois ou paille) vers l'unité de gazéification,
- avec la production et le transport de bio-huiles et/ou de bio-slurries (mélange de bio-huiles et de charbon) vers l'unité de gazéification.

Ce travail intègre donc l'évaluation énergétique de l'étape de pyrolyse rapide. Cette étape induit une certaine consommation d'énergie puisqu'il est nécessaire de chauffer la biomasse, mais aussi le gaz vecteur utilisé dans le réacteur pour entraîner les produits de pyrolyse. Cette étude montre qu'il est intéressant de minimiser l'utilisation de ce gaz vecteur car cela nuit à

---

[1] Les auteurs remercient la Fédération Jacques Villermaux, la Région Lorraine et l'INPL pour leur soutien financier.

l'efficacité énergétique globale du procédé. En effet, il est nécessaire de brûler une partie du charbon produit (ou un combustible fossile) pour assurer l'équilibre thermique du procédé si le ratio gaz vecteur / biomasse est trop important.

Il est ensuite possible de conclure sur l'intérêt de la filière « pyrolyse / transport » en fonction de la technologie de pyrolyse et de la distance qui sépare le lieu de collecte de biomasse et l'unité de gazéification centralisée. On constate qu'un procédé de pyrolyse dont l'efficacité énergétique est inférieure à 80 % pourra difficilement rentrer en compétition avec le transport direct de la biomasse. Par contre, si l'efficacité devient proche de 90 %, la filière « pyrolyse + transport du slurry » peut devenir compétitive par rapport au transport direct au-delà d'une certaine distance critique qui dépend de la biomasse considérée : ~ 250 km pour le bois, ~ 100 km pour la paille.

1   Introduction

La pyrolyse rapide est un procédé thermique qui permet de transformer la biomasse (bois, pailles, déchets, etc.) en charbon, bio-huiles liquides et gaz (H_2, CO, CO_2, CH_4, etc.). Le rendement en bio-huiles peut atteindre 70 % si le transfert de chaleur vers la biomasse est rapide et si le temps de séjour et la température de la phase gazeuse sont réduits [3]. Les bio-huiles sont un mélange d'eau et de molécules organiques oxygénées (sucres, phénols, aldéhydes, cétones, etc.).

Ce combustible liquide peut être valorisé par combustion directe (chaudière, brûleur, moteur, etc.) ou par gazéification pour former du gaz de synthèse ($CO + H_2$). Cette voie est tout particulièrement intéressante lorsque ce gaz de synthèse est transformé en bio-carburants (bio-diesel par synthèse Fischer-Tropsch par exemple). En effet, la taille des unités de gazéification envisagées dans ce cas (> 1 Mt/a) implique l'utilisation de lits entraînés sous pression (> 30 bars). L'usage de bio-huiles présente alors l'intérêt d'être aisément injectable par rapport à un combustible solide pulvérulent qui doit être broyé en dessous de 500 microns ce qui représente un coût énergétique important.

Par ailleurs, le rayon de collecte d'une telle unité de gazéification serait très élevé (> 200 km). Il semble donc intéressant de concentrer le contenu énergétique de la biomasse pour réduire les coûts de transport et de stockage. Ceci peut être réalisé par compression, torréfaction [2] ou encore par pyrolyse rapide. Dès lors, l'autre avantage de la pyrolyse rapide serait de permettre la densification décentralisée de la biomasse et de réduire ainsi son coût de transport vers l'unité centralisée de gazéification. En effet, les bio-huiles présentent une densité de 1200 kg/m^3 qui est bien plus élevée que la biomasse de départ (moins de 100 kg/m^3 pour la paille).

Il a également été proposé de mélanger la bio-huile et le charbon pour former un bio-slurry liquide qui contient l'essentiel de l'énergie initiale de la biomasse [4].

L'objectif de cette étude est alors de comparer, sur le plan énergétique :

- le transport direct de la biomasse (bois ou paille) vers l'unité de gazéification,
- avec la production et le transport de bio-huiles et/ou de bio-slurries (mélange de bio-huiles et de charbon) vers l'unité de gazéification.

Ce travail intègre donc l'évaluation énergétique de l'étape de pyrolyse rapide. Cette étape induit une certaine consommation d'énergie puisqu'il est nécessaire de chauffer la biomasse, mais aussi le gaz vecteur utilisé dans le réacteur pour entraîner les produits de pyrolyse. L'apport d'énergie se fait par la combustion des gaz de pyrolyse et éventuellement du charbon de pyrolyse.

Ces considérations permettront donc de calculer le rendement énergétique du procédé de pyrolyse. Il sera ensuite possible de conclure sur l'intérêt de la filière pyrolyse / transport en fonction de la technologie de pyrolyse et de la distance qui sépare le lieu de collecte de biomasse et l'unité de gazéification centralisée.

2   Représentation du procédé de pyrolyse

L'efficacité énergétique du transport et du broyage de la biomasse sont calculés à partir de données de la littérature (cf. section 3.2).

En ce qui concerne le procédé de pyrolyse, l'efficacité énergétique doit être calculée à partir des rendements matières en produits et des pouvoirs calorifiques de ces produits. En effet, pour que le procédé soit indépendant sur le plan énergétique, la demande énergétique du réacteur de pyrolyse (qui correspond au chauffage de la biomasse, du gaz vecteur et à l'enthalpie des réactions) doit être compensée par l'énergie dégagée par la combustion d'une partie des sous-produits de la pyrolyse (les gaz et une partie du charbon). Il est alors possible de déterminer quels sont les produits réellement exportables en dehors du procédé (la bio-huile et la partie du charbon non-brûlée). L'efficacité énergétique est alors définie comme étant l'énergie contenue dans ces produits exportables sur l'énergie de la biomasse entrante.

2.1 Procédé de pyrolyse schématisé

Un procédé de pyrolyse schématisé est représenté sur la figure 1. Les produits de pyrolyse sortent du réacteur à 540 °C et sont refroidis et séparés sans récupération de chaleur. Une partie du gaz de pyrolyse est recyclé vers le réacteur de pyrolyse pour servir de gaz vecteur. Comme ce débit de recyclage est constant, il est logique que tout le gaz produit par pyrolyse soit envoyé vers le brûleur une fois que le régime permanent est atteint.

Une partie du charbon peut également être utilisé si la combustion des gaz de pyrolyse dégage trop peu d'énergie. Cette énergie est transférée en grande partie vers le réacteur de pyrolyse grâce à des échangeurs de chaleur interne (double enveloppe, serpentin) et/ou externe (chauffage du gaz vecteur). La chaleur résiduelle des fumées de combustion est récupérée pour préchauffer les combustibles et comburants du brûleur. Un paramètre important dans le calcul est donc la température de sortie des fumées de combustion. On considère ici qu'elles sortent du process à 200 °C.

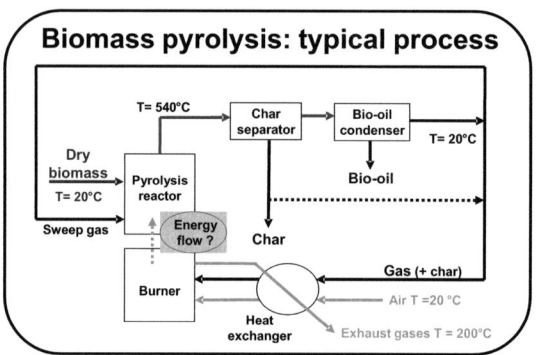

Fig 1 : Schéma typique d'un procédé de pyrolyse.

2.2 Résultats expérimentaux obtenus sur un banc d'essai

Les données nécessaires au calcul de l'efficacité énergétique ont été obtenues à partir d'expériences de pyrolyse. Celles-ci ont été réalisées grâce à un réacteur tubulaire métallique de longueur 0.9 m et de diamètre 0.022 m qui est inséré dans un four électrique tubulaire. La figure 2 présente un schéma de ce banc d'essai.

L'échantillon sec (0.005 kg) est placé dans une cuillère métallique de 20 cm de long qui peut être déplacée facilement le long de l'axe du réacteur. Pendant la période de chauffe, la biomasse est maintenue à température ambiante sous un courant d'argon à l'entrée du réacteur. Lorsque la température de référence est atteinte, le débit d'argon est ajusté ($2.63*10^{-5}$ m^3(STP).s^{-1}) et la cuillère est introduite jusqu'à l'extrémité du réacteur. La température de référence est mesurée avec un thermocouple placé dans le courant gazeux juste au-dessus de la biomasse. Dans cette communication, les résultats correspondent à une température de référence de 540 °C.

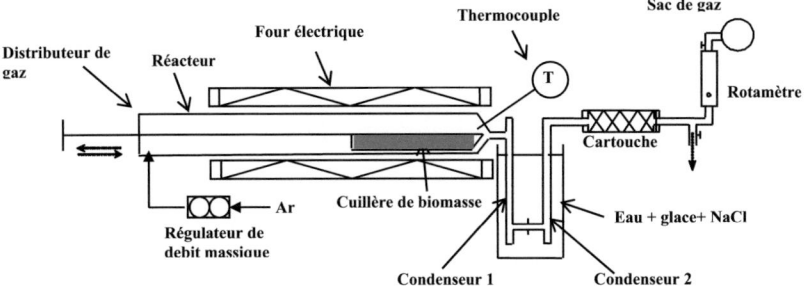

Fig. 2 : Banc d'essai de pyrolyse.

Les produits volatils (vapeurs, aérosols et gaz permanents) sont évacués de la zone chaude par le courant d'argon. Ils traversent deux condenseurs en série qui sont placés dans un bain d'eau glacée. Une grande partie des vapeurs se condensent pour former un liquide visqueux. Les Composés Organiques Volatils et les aérosols sont capturés dans une cartouche remplie de laine de quartz et de zéolithes. Les condenseurs et la cartouche sont pesés séparément avant et après l'expérience pour déterminer la masse d'huiles produites. Le gaz est échantillonné dans un sac et analysé par chromatographie gazeuse (GC-TCD pour H_2, CO et CO_2, GC-FID pour les hydrocarbures).

A la fin de la pyrolyse, la cuillère est retirée et le charbon est refroidi à l'entrée du réacteur. Le charbon froid est alors récupéré et pesé. Ce protocole permet de réaliser un bilan de matière complet.

Le "Service Central d'Analyse" du CNRS (France) a réalisé les analyses CHON des biomasses, bio-huiles et charbon, ainsi que la mesure de la teneur en eau par Karl-Fischer.

Les résultats sont présentés sur la Figure 3.

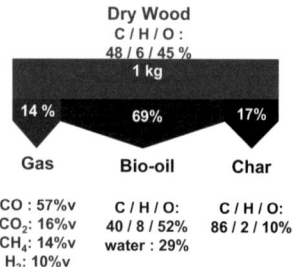

Fig. 3 : Rendement et composition élémentaire des produits.

Les rendements et les compositions obtenus sont typiques des procédés de pyrolyse rapide. Il faut préciser à ce stade que le rendement et la composition élémentaire des bio-huiles présentés ici ont été recalculés pour que les bilans matière et élémentaire bouclent. Les valeurs mesurées expérimentalement sont néanmoins très proches.

Les pouvoirs calorifiques supérieurs de la biomasse, de la bio-huile et du charbon ont été déterminés avec une bombe calorimétrique. Ces données sont représentées sur la Figure 4.

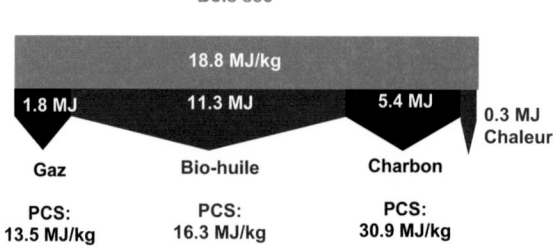

Fig. 4 : PCS des produits.

Etant donné les PCS du bois et des produits, il est possible de calculer la répartition de l'énergie entre les trois produits. La majorité de l'énergie de la biomasse est contenue dans la bio-huile et le charbon. Les gaz ne contiennent que 10 % du PCS initial de la biomasse.

Pour déterminer l'énergie nécessaire au transport de la biomasse et des produits, la masse volumique apparente a été mesurée. Les plaquettes de bois ont une masse volumique apparente de 260 kg/m^3, alors que le charbon présente une masse volumique de 90 kg/m^3. La bio-huile quant à elle présente une masse volumique très supérieure (1 230 kg/m^3).

3 Evaluation énergétique

3.1 Calcul des flux d'énergie dans le procédé de pyrolyse schématisé

Etant donné que le bois est sec, la demande d'énergie du réacteur de pyrolyse correspond au chauffage de la biomasse, au chauffage du gaz vecteur et à l'éventuelle enthalpie des réactions.

$$E_{demande} = \int_{T_{20}}^{T_{540}} Cp_{bois} dT + \Delta_r H_{T\ pyrolyse} + \omega_{gaz/bois} \int_{T_{20}}^{T_{540}} Cp_{gaz} dT \qquad [1]$$

avec :

$$Cp_{bois}(kJ/(kg.K)) = 0.103 + 3.8 \cdot 10^{-3} T\ (K) \qquad [2]$$

$$Cp_{gaz}(kJ/(kg.K)) = 0.840 + 1.1 \cdot 10^{-3} T\ (K) \qquad [3]$$

La capacité calorifique du gaz est calculée à partir de sa composition. $\omega_{gaz/bois}$ est le ratio massique gaz/biomasse. L'enthalpie de réaction à la température de pyrolyse n'est pas précisément connue dans la littérature. D'après nos mesures de PCS, il semblerait que l'enthalpie de réaction ramenée à 20 °C soit légèrement négative (-0,3 MJ/kg), mais les mesures de PCS sont trop imprécises (+/- 0,2 MJ/kg) pour déterminer une valeur exacte. Antal and Grönli [1] ont montré qu'il existe un lien fort entre l'enthalpie de réaction et le rendement en charbon. Pour un rendement en charbon de 18 % sur du bois de chêne, l'enthalpie de réaction à pression atmosphérique serait de -40 kJ/kg. Néanmoins l'enthalpie de réaction à la température de pyrolyse sera plus élevée que ces valeurs puisque les bio-huiles sont vaporisées à cette température (alors qu'elles sont liquides à température ambiante). Nous avons finalement choisi de représenter deux cas extrêmes : 0 MJ/kg et +0,5 MJ/kg.

La combustion des gaz et du charbon génère de la chaleur qui doit être transférée vers le réacteur de pyrolyse. Les fumées ne sont pas ramenées à 20 °C comme dans une bombe calorimétrique. Nous devons donc considérer que l'énergie disponible correspond au pouvoir calorifique inférieur moins l'énergie nécessaire au refroidissement des fumées de 200 °C à 20 °C (la condensation de l'eau n'est pas incluse puisque l'on considère les PCI et pas les PCS). La composition et le débit des fumées sont calculés à partir du débit de combustible et de son analyse CHO, en considérant un excès d'oxygène de 15 %.

Ces calculs permettent de réaliser la figure 5 ci-dessous qui représente :

- la demande énergétique du réacteur de pyrolyse en fonction du ratio $\omega_{gaz/bois}$ (hypothèses basse et haute),

- l'énergie disponible en fonction de la part du charbon produit qui est brûlé.

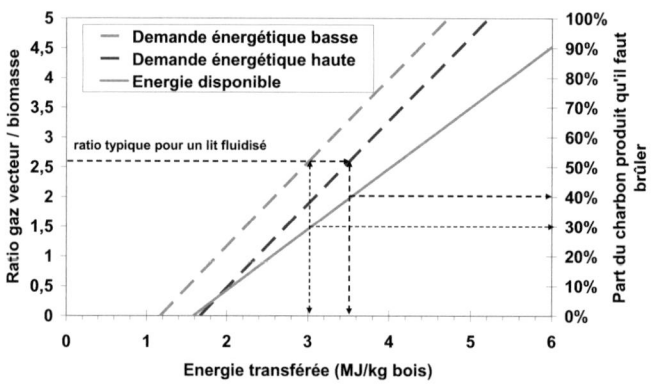

Fig. 5 : Demande énergétique et énergie disponible.

Pour le ratio $\omega_{gaz/bois} = 2{,}56$ utilisé dans notre banc d'essai (et qui est typique du ratio utilisé dans un lit fluidisé), la demande énergétique serait comprise entre 3 et 3,5 MJ/kg de biomasse. Ceci impliquerait de brûler tout le gaz de pyrolyse, mais aussi 30 à 40 % du charbon produit. Ce charbon ne pourrait donc pas être exporté hors du procédé. Ceci réduirait donc l'efficacité énergétique globale du procédé définie comme étant l'énergie contenue dans les produits exportables sur l'énergie du bois entrant.

La situation est différente pour un procédé qui n'utiliserait pas (ou très peu) de gaz vecteur. En effet dans ce cas, le pouvoir calorifique contenu dans le gaz de pyrolyse semble suffisant pour assurer l'équilibre énergétique de l'ensemble du procédé.

Ces conclusions devraient être confirmées à l'échelle d'un pilote industriel puisque différentes consommations d'énergie ne sont pas prises en compte dans ce calcul simpliste:

- séchage de la biomasse,

- pertes de chaleur, consommation électrique des surpresseurs,

- influence du ratio de gaz vecteur $\omega_{gaz/bois}$ sur les rendements en huile : si le temps de séjour de la phase gazeuse dans le réacteur est trop long, les vapeurs de bio-huiles peuvent se craquer.

3.2 Comparaison du « transport direct de la biomasse avec broyage fin » et de « la pyrolyse avant transport du slurry »

Pour comparer les deux scenarii, les efficacités énergétiques du broyage et du transport doivent être estimées.

Concernant le broyage, la consommation électrique dépend beaucoup de la taille des particules qui est visée. Pour les tailles utilisées par les réacteurs de pyrolyse rapide (au minimum 2 mm), cette consommation est faible. Nous la considérerons négligeable ici. Pour alimenter un réacteur de gazéification à flux entraîné, la taille moyenne des particules doit être autour de 500 microns. Cela n'est plus du tout négligeable car cela représente 30 kW_e/MW_{th} [2] soit 6 % du PCS du bois sur la base de l'énergie primaire nécessaire.

Concernant la consommation énergétique du transport, on considère un transport routier par des camions de 31 m³ dont le poids limite de charge est de 25 tonnes. Par conséquent, une charge dont la masse volumique est supérieure à 800 kg/m³ est limitée par sa masse (25 tonnes) et pas par son volume. C'est le cas pour les bio-huiles (1 200 kg/m³), mais aussi pour les slurries (800 à 1 200 kg/m³ selon le mélange bio-huile + charbon). La consommation de gasoil est supposée être de 30 L/100 km tandis que le PCS du gasoil est de 41,8 MJ/kg et sa masse volumique de 840 kg/m³. En considérant que le procédé gazéification + synthèse Fischer-Tropsch présente un rendement énergétique de 40 % (énergie du gasoil produit / énergie du bois utilisé), il est possible de calculer que le camion consomme l'équivalent de 26 MJ de bois par kilomètre parcouru. Dès lors, la variation de l'efficacité énergétique par km peut être calculée (MJ de bois consommé par le transport / km / MJ de bois initial). La figure 6 représente différents cas de figure : transport et broyage du bois, transport et broyage de la paille, pyrolyse du bois et transport d'un slurry qui contient tout le charbon produit, pyrolyse du bois et transport d'un slurry qui ne contient que 60 % du charbon produit.

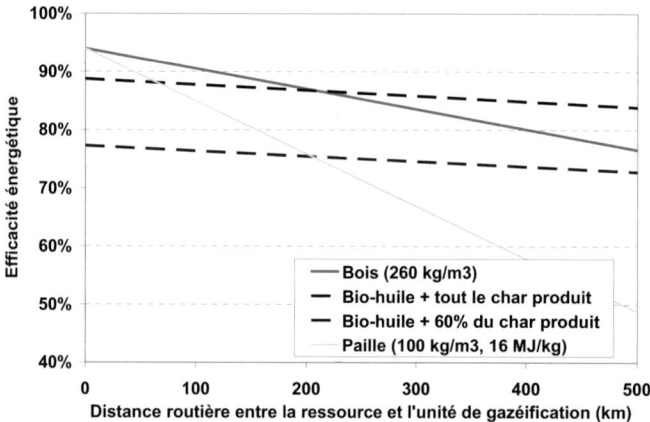

Fig. 6: Comparaison de l'efficacité énergétique des différents scenarii en fonction de la distance entre la ressource et l'unité de gazéification.

On constate que dans ce dernier cas, la pyrolyse ne peut entrer en compétition avec le transport direct car l'efficacité énergétique du procédé de pyrolyse est trop basse (77 %). Par contre, si le procédé de pyrolyse permet d'exporter tout le charbon produit, l'efficacité énergétique avant transport est assez élevée (88 %) et la filière « pyrolyse + transport du slurry » devient plus intéressante que le transport direct si la distance à parcourir est supérieure à 250 km.

Pour le cas de la paille, qui présente une masse volumique inférieure à celle du bois, le conditionnement par pyrolyse rapide est intéressant dès que la distance excède une centaine de km (même s'il faut considérer que les rendements en huiles et charbon seront différents lorsque de la paille est pyrolysée).

4   Conclusions

Concernant le procédé de pyrolyse, on peut conclure qu'il est intéressant de minimiser l'utilisation de gaz vecteur car son usage consomme beaucoup d'énergie et nuit à l'efficacité globale du procédé. En effet, il est nécessaire de brûler une partie du charbon produit (ou un combustible fossile) pour assurer l'équilibre thermique du procédé si le ratio gaz vecteur / biomasse est trop important.

Ceci a des conséquences directes sur la comparaison entre le transport direct de la biomasse et son conditionnement par pyrolyse rapide avant transport. En effet, un procédé de pyrolyse dont l'efficacité énergétique est inférieure à 80 % pourra difficilement rentrer en compétition avec le transport direct de la biomasse. Par contre, si l'efficacité devient proche de 90 %, la filière « pyrolyse + transport du slurry » peut devenir compétitive par rapport au transport direct au-delà d'une certaine distance critique qui dépend de la biomasse considérée (bois, pailles, etc.).

D'autres avantages de la pyrolyse rapide devraient être considérés pour faire une comparaison précise : le slurry est plus facile à injecter dans un réacteur haute pression qu'une poudre de bois, la bio-huile pure (sans charbon) est un combustible utilisable dans un moteur ou une turbine à gaz, le charbon de pyrolyse rapide est un combustible vert qui peut substituer le charbon minéral, etc.

5 Notations

C_p	Capacité calorifique ($kJ.kg^{-1}.K^{-1}$)
E	Energie ($MJ.kg^{-1}$)
HHV	Pouvoir Calorifique Supérieur ($MJ.kg^{-1}$)
T	Température (K)
w	Fraction massique
ΔH	Enthalpie de réaction ($kJ.kg^{-1}$)
ρ	Masse volumique ($kg.m^{-3}$)
$\omega_{gaz/bois}$	Ratio de gaz vecteur ($kg_{gaz}.kg_{bois}^{-1}$)

Bibliographie

[1] Antal M.J., Grönli M. *The Art, Science, and Technology of Charcoal Production* Ind. Eng. Chem. Res. 42, (2003), 1619-1640

[2] Bergman P., A. Boersma, J. Kiel, M. Prins, K. Ptasinski, F. Janssen *Torrefaction for entrained-flow gasification of biomass* 2nd world conference on biomass and energy, industry and climate protection, 10-14 May 2004, Rome, Italy

[3] Lédé J. The cyclone : a multifunctional reactor for the fast pyrolysis of biomass Ind. and Eng. Chem. Res., 39, (2000), 4, 893-903

[4] Raffelt et al., The BTL2 process of biomass utilization – Entrained flow gasification of pyrolyzed biomass slurries, Applied Biochemistry and Biotechnology, 129-132, (2006), 153-1642

Zukünftige Rolle erneuerbarer Energien in der europäischen Elektrizitätsversorgung

Dr. Dominik MÖST, Dr. Johannes ROSEN, Prof. Wolf FICHTNER

KIT – Deutsch-Französisches Institut für Umweltforschung (DFIU)
Hertzstr. 16, 76187 Karlsruhe, Deutschland
E-Mail: dominik.moest@kit.edu, Tel.: +49 (0)721 608-4689

Kurzfassung

In diesem Beitrag wird ein modellbasierter Ansatz vorgestellt, der den längerfristigen Ausbau erneuerbarer Energien unter Berücksichtigung der Entwicklung des konventionellen Kraftwerksparks für die EU-15 Mitgliedsstaaten unter verschiedenen energie- und wirtschaftspolitischen Rahmenbedingungen untersucht. In dem Modell werden die wesentlichen technischen und ökonomischen Charakteristika der Stromerzeugung, sowohl von erneuerbaren, als auch von konventionellen Technologien sowie von zukünftigen Erzeugungsoptionen berücksichtigt. Die konventionelle Stromerzeugung auf Basis von Braunkohle, Steinkohle und Heizöl nimmt in den Modellrechnungen aufgrund der CO_2-Emissionsbeschränkungen und des sich einstellenden CO_2-Zertifikatspreises in Europa ab, während die Produktion aus Gaskraftwerken bis zum Jahr 2020 ansteigt. Die Vorgaben für den Ausbau erneuerbarer Energieträger bzw. die unterstellte Fortführung der bisherigen Förderung führen zu einer verstärkten Stromerzeugung aus Wind- und Biomassepotentialen.

1   Einleitung

Die Europäische Kommission hat Ausbauziele für die Nutzung regenerativer Energieträger in der Stromerzeugung für die einzelnen EU-Mitgliedsstaaten in der Direktive 2001/77/EC [2] festgelegt. Der Anteil der Stromerzeugung aus erneuerbaren Energien soll bis zum Jahr 2010 von gegenwärtig 13,9 % auf 22 % erhöht werden. Ferner sind in der Direktive 2009/28/EC [3] Ziele für die Nutzung von Energie aus erneuerbaren Quellen für das Jahr 2020 festgelegt. Der Anteil der erneuerbaren Energien am Gesamtenergieverbrauch soll von den derzeitigen 8,5 % auf 20 % in der EU im Jahr 2020 angehoben werden. Die EU-Mitgliedsstaaten sind aufgefordert nationale Aktionspläne für erneuerbare Energie bis Mitte 2010 aufzusetzen, welche die nationalen Gesamtziele der jeweiligen Nationen für die Anteile von im Verkehrs-, Elektrizitäts- sowie Wärme- und Kältesektor verbrauchter Energie aus erneuerbaren Quellen im Jahr 2020 enthalten. Die

Erreichung dieser Ziele stellt eine Herausforderung für die einzelnen Mitgliedsstaaten dar. Kurz- bis mittelfristig wird die politisch und umwelttechnisch motivierte Einführung der Nutzung regenerativer Energien von (staatlichen) Fördermechanismen abhängen, auch wenn fortlaufend die Technologien zur Nutzung erneuerbarer Energien weiterentwickelt werden. Neben der geografisch inhomogenen Verfügbarkeit von erneuerbaren Energieträgern, ist die zeitliche Entwicklung der Marktdurchdringung der erneuerbaren Stromerzeugung in den EU-Mitgliedsstaaten vor allem von den verschiedenen nationalen Förderungsmechanismen beeinflusst. Die zusätzlichen Ausgaben für die Nutzung regenerativer Energieträger hängen dabei stark von den Primärenergieträgerpreisen der konventionellen Elektrizitätserzeugung ab. Weiterhin bestehen physische Interdependenzen zwischen der erneuerbaren und konventionellen Stromerzeugung. Um adäquate politische Maßnahmen und Strategien zu entwickeln, müssen Entscheidungsträger in Politik und Energieversorgung mit einer quantitativen Analyse der Integration eines steigenden Anteils erneuerbarer Stromerzeugungstechnologien in die europäische Elektrizitätsversorgung unterstützt werden.

In diesem Beitrag wird ein modellbasierter Ansatz vorgestellt, mit dem die langfristige Entwicklung des europäischen Elektrizitätssystems der EU-15 Staaten unter verschiedenen politischen und ökonomischen Rahmenbedingungen analysiert werden kann. Ein Fokus liegt dabei auf der Integration der erneuerbaren Stromerzeugung (RES-E) in das europäische Elektrizitätsversorgungssystem. In dem Ansatz werden nicht nur die technologischen und ökonomischen Charakteristika von existierenden Kraftwerken sondern auch die von zukünftigen Technologien mit einbezogen. Nationale Brennstoffversorgungsstrukturen werden ebenso modelliert wie die internationalen Märkte für Strom und CO_2-Zertifikate.

2 Langfristiges Energiesystemmodell

Ausgangsbasis für die modellbasierte Analyse ist das PERSEUS-RES-E Modell, ein optimierendes Energie- und Stoffflussmodell, welches den europäischen Elektrizitätssektors abbildet[1]. Das Modell bildet 21 Länder (EU-15, Norwegen, die Schweiz, Polen, die Tschechische Republik, die Slowakei und Ungarn) ab. In dem Modell werden diese Länder durch 25 Regionen repräsentiert, wobei in der Regel eine Region ein Land

---

[1] PERSEUS-RES-E (Program Package for Emission Reduction Strategies in Energy Use and Supply – Renewable Energy Sources for Electricity production) basiert auf einer modifizierten Version des PERSEUS-CERT Modells. Eine detaillierte Beschreibung ist in [5] zu finden. Eine detaillierte Beschreibung der PERSEUS Modellfamilie ist in [6] und [9] dargelegt.

abbildet[2]. Übergeordnetes Ziel der Modellentwicklung des Energiesystemmodells PERSEUS-RES-E ist es, ein Analysewerkzeug zur Verfügung zu stellen, welches die Quantifizierung der wirtschaftlichen und technologischen Auswirkungen ermöglicht, die mit der politisch geforderten Nutzung von erneuerbaren Energien für die Stromproduktion und mit der CO_2-Reduktionsverpflichtung einhergehen. Das Energiefluss- und Stoffstrommodell basiert auf einem mehrperiodigen, linearen Optimierungsansatz. Zielfunktion ist die Minimierung aller auf das Basisjahr diskontierten entscheidungsrelevanten Systemausgaben. Das beinhaltet im Wesentlichen die Brennstoffversorgungs- und Transportkosten, Übertragungsnetzgebühren, fixe und variable Kosten der physischen Anlagen (Betrieb, Wartung, Laständerungskosten usw.) sowie Investitionen für neue Kraftwerke. Die relevanten techno-ökonomischen Merkmale des realen Versorgungssystems werden als technische, ökologische und politische Nebenbedingungen berücksichtigt.

Die wichtigsten Restriktionen umfassen:

- *Physikalische Energie- und Stoffbilanzen:* Gleichgewicht von Angebot und Nachfrage unter Berücksichtigung von Speichern für die verschiedenen Zeitscheiben des Modells.

- *Kapazitätsbeschränkungen*: Maximale Kapazitäten der installierten Anlagen unter Berücksichtigung der technischen Lebensdauer.

- *Kraftwerksbetrieb*: maximale / minimale Volllaststunden, Brennstoffoptionen, Laständerungsgeschwindigkeiten, usw.

Treibende Größe des Modells ist die exogen vorgegebene Stromnachfrage. Diese wird in Form von Lastkurven an typischen Tagen abgebildet. Zur Deckung der Nachfrage können sowohl bereits existierende Anlagen als auch Neuanlagen eingesetzt werden. Die jeweils möglichen Betriebsmodi der Anlagen sind im Modell mit einer detaillierten techno-ökonomischen Parametrisierung hinterlegt. Im Rahmen der Systemoptimierung wird eine – unter Berücksichtigung gegebener systemtechnischer Restriktionen – ausgabenminimale Versorgungsstruktur zur Deckung der vorgegebenen Last ermittelt.

Die Abbildung des realen Energieversorgungssystems basiert auf einer Graphenstruktur, die die wesentlichen Charakteristika der Versorgungsstrukturen leitungsgebundener Medien widerspiegelt. Wichtige Aspekte sind hierbei die Berücksichtigung von Durchleitungsentgelten, Übertragungsverlusten sowie beschränkte Leitungskapazitäten zwischen den europäischen Nachbarstaaten.

---

[2] Ausnahmen sind Dänemark, was aus zwei Regionen, den beiden verbundenen Inseln Funen und Jütland besteht, sowie Deutschland, was entsprechend zu den vier Regelzonen der Übertragungsnetzbetreiber aufgeteilt ist.

Neben einer adäquaten Wiedergabe der relevanten Netzstrukturen ist auch im Energieumwandlungsbereich eine realitätsnahe Abbildung der tatsächlichen Produktionsmöglichkeiten von zentraler Bedeutung. Unterschiedliche Kraftwerkstechnologien zeichnen sich nicht nur durch unterschiedliche spezifische Investitionen, fixe und/oder variable Betriebsausgaben aus. Sie weisen auch im technischen Betrieb stark unterschiedliche Charakteristika hinsichtlich Laständerungsfähigkeit und ihrer Flexibilität zur Nutzung unterschiedlicher Betriebsweisen auf. Solche Zusammenhänge werden über die Aufnahme entsprechender technischer Restriktionen in das Modellgleichungssystem abgebildet.

Die Potentiale von 15 erneuerbaren Energieträgern und die jeweiligen Kosten ihrer Nutzung in jedem der EU-15 Staaten sind mit mehr als 1 500 Potentiale (durchschnittlich 100 Potentiale pro Land) in das Modell integriert. Jedes dieser Potentiale wird durch eine Anlage und einen Prozess im Modell dargestellt. Sie sind mit den dazugehörigen technischen und ökonomischen Daten (Kapazitäten, jährliche Nutzungszeiten, Kosten, usw.) parametrisiert. Diese Daten wurden aus dem Green-X Projekt übernommen (siehe [8]). Weiterhin enthält das Modell einen technologisch differenzierten Datensatz mit existierenden konventionellen Kraftwerken in allen betrachteten Regionen und zukünftigen Erweiterungsoptionen inklusive verbesserter technologischer und wirtschaftlicher Parameter (modelliert mit ca. 1 500 Kraftwerken). Das gesamte Modell beinhaltet ungefähr 1 Millionen Variablen in 0,9 Millionen Gleichungen mit 4,9 Millionen Nicht-Null Elementen.

Die Optimierungsvariablen des Modells sind die Kapazitäten und Aktivitäten der modellierten Energieumwandlungstechnologien sowie die Niveaus der Energie- und Stoffflüsse in das System (Inputflüsse) und innerhalb des Systems (Intermediärflüsse). Die Kapazitätsvariablen umfassen alle Zubau- sowie ökonomisch motivierte Rückbauentscheidungen, die Aktivitätsvariablen den Einsatz der modellierten Kraftwerke. Die Variablen der Energie- und Stoffflüsse umfassen alle Entscheidungen hinsichtlich der eingesetzten Energieträger und der Weiterleitung der verschiedenen Energieformen. Wesentliches Merkmal der mehrperiodigen Bottom-up-Modellierung ist die Berücksichtigung intertemporaler Zusammenhänge wie etwa des Einflusses einer Investitionsentscheidung auf die in Folgeperioden zur Verfügung stehenden Kraftwerkskapazitäten.

Die Datenverwaltung und -aufbereitung für das PERSEUS Modell basiert auf einer relationalen Datenbank, in der sowohl die Struktur des betrachteten Energiesystems als auch alle notwendigen Daten, z.B. Daten zu den Kostenpotentialen erneuerbarer Energien und zum prognostizierten Nachfrageverlauf, in konsistenter Form abgelegt sind. Ein Überblick über die Datenbank wird in [7] gegeben. Das Modell ist in der Programmiersprache GAMS (General Algebraic Modelling System) implementiert (vgl. [1]).

3 Auswirkungen der fluktuierenden Erzeugung auf das Energiesystem

Die Schwankungen bei der regenerativen Stromerzeugung resultieren aus dem diskontinuierlichen Dargebot der Windenergie. Um die Auswirkungen dieser Fluktuationen zu erfassen, wird das langfristige Energiesystemmodell durch ein kurzfristiges Kraftwerkseinsatzplanungsmodell ergänzt. Somit kann nicht nur den wechselseitigen Abhängigkeiten zwischen den kurzfristigen Laständerungen und der Betriebsplanung von konventionellen Kraftwerken, sondern auch den langfristigen Kapazitätserweiterungsplanungen Rechnung getragen werden. Die Herausforderungen der Kraftwerkseinsatzplanung (in einer Zeitskala von einer Stunde bis hin zu zehn Minuten) werden mit dem MATLAB/Simulink®-basierten Modell AEOLIUS[3] analysiert. Die Entwicklung des zukünftigen Stromversorgungssystems wird durch das PERSEUS-RES-E Optimierungsmodell ermittelt und dann in AEOLIUS übertragen. Mit Hilfe von AEOLIUS werden dann die Auswirkungen der fluktuierenden Erzeugung auf das konventionelle System ermittelt. Die Ergebnisse der kurzfristigen Einsatzplanung werden durch zusätzliche Informationen (z.B. von der Deutschen Energieagentur [4]) ergänzt und als zusätzliche Restriktionen, die die fluktutationsbedingten Effekte abbilden sollen, in das langfristige Energiesystemmodell integriert. Die Restriktionen umfassen insbesondere die Abbildung

- der gesicherten Kapazität,
- der Anforderungen an die Vorhaltung von Reservekapazität und
- der Wirkungsgradverluste der konventionellen Kraftwerke durch häufigeren Betrieb in Teillast sowie die häufigeren Kraftwerksneustarts.

4 Definition von Szenarioberechnungen

Die zukünftige Nutzung von regenerativen Stromerzeugungstechnologien hängt nicht nur von den technischen und ökonomischen Eigenschaften der Technologien selbst im Vergleich zu den konventionellen Stromerzeugungstechnologien ab, sondern auch von zahlreichen anderen Rahmenbedingungen. Sehr oft sind diese Rahmenbedingungen politischer Natur, wie zum Beispiel im Falle der Beschränkungen des CO_2-Ausstosses, der Ziele für den Einsatz von Erneuerbaren oder des deutschen Atomausstiegs.

Mit Hilfe des entwickelten Modells sollen deshalb unterschiedliche Rahmenbindungen und deren Auswirkungen auf die Entwicklung des Modellsystems quantitativ analysiert werden. Hierzu werden folgende Szenarien unterschieden:

---

[3] detaillierte Beschreibung des AEOLIUS Modells in [10]

- Referenzszenario (Minderungsziele des CO_2-Emissionshandels sind berücksichtigt, aber die Ziele für erneuerbare Energien bleiben unberücksichtigt),

- Szenario "Targets_national": Vorgabe der nationalen RES-E Ziele für das Jahr 2010 (Direktive 2001/77/EC) und der europäischen Ziele für das Jahr 2020,

- Szenario "Incentives": Berücksichtigung der derzeitigen Fördermechanismen (z.B. feed-in Tarife, Quotensysteme, usw.).

Weiterhin kann der Einfluss anderer bedeutender (aber nicht mit RES-E zusammenhängender) Rahmenbedingungen auf die Entwicklung des Energiesystems ermittelt werden, wie zum Beispiel:

- die Auswirkungen der Brennstoffpreise (insbesondere von Erdgas),

- die Möglichkeit der weiteren Nutzung der nuklearen Kraftwerkskapazitäten in Deutschland oder auch

- strengere CO_2-Beschränkungen.

Die Szenariorechnungen können sowohl für die EU-15 als Ganzes oder auf Einzelstaatenebene ausgewertet werden. Folgende Ergebnisse sind dabei von Interesse:

- die Entwicklung des Technologiemixes (erneuerbare und konventionelle Kapazitäten / Produktion),

- der Anteil der RES-E Produktion (EU-15 sowie pro Land), z.B. um die Effektivität der Fördermechanismen zu bewerten, und

- die Entwicklung der Kosten der Strombereitstellung (z.B. zusätzliche Ausgaben für die Nutzung der erneuerbaren Energien, Entwicklung der marginalen Ausgaben der Strombereitstellung).

5   Ergebnis der modellbasierten Analyse der erneuerbaren Stromproduktion

Im Referenzszenario werden keine Anforderungen bezüglich des Anteils der erneuerbaren Stromproduktion gestellt. Dieses Szenario repräsentiert deshalb eine Situation in der erneuerbare und konventionelle Stromerzeugungstechnologien in einem freien Markt unter Berücksichtigung der Minderungsziele für CO_2-Emissionen konkurrieren.

Die Entwicklung der Stromerzeugung ohne Berücksichtigung einer Förderung erneuerbarer Energien ist in Abbildung 1 für die EU-15, für Deutschland und für Frankreich dargestellt. Die Modellergebnisse zeigen, dass ohne Förderung kein signifikanter Zubau an erneuerbarer Energien stattfindet. Die Minderungsziele für CO_2-Emissionen werden hauptsächlich durch verstärkte Nutzung der Energieträger Erdgas und Uran erreicht. Die Stromproduktion aus Kernenergie nimmt bis zum Jahr 2015 um ca. 350 TWh zu und fällt dann aufgrund von Kernenergiemoratorien, wie bspw. in Deutschland, leicht ab. Der Energieträger Erdgas wird zur Stromerzeugung verstärkt genutzt und steigt von knapp 500 TWh im Jahr 2005 auf über 1 000 TWh im Jahr 2020 an. Die Stromproduktion aus Kohle- und Ölkraftwerken nimmt im Referenzfall aufgrund der Minderungsverpflichtungen stark ab.

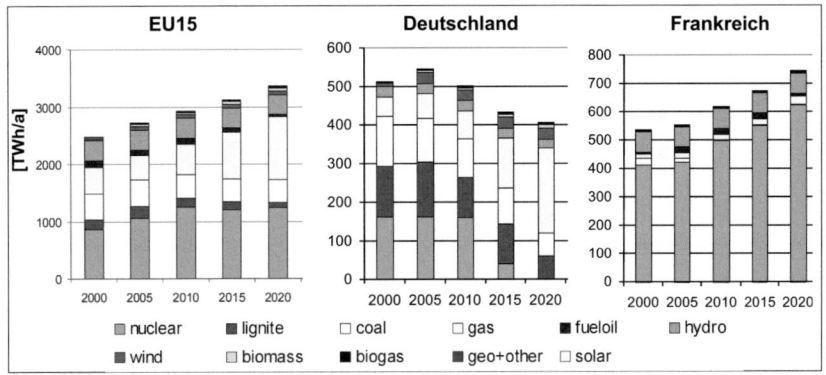

Abb. 1: Entwicklung der Stromerzeugung ohne Förderung erneuerbarer Energien in der EU-15, Deutschland und Frankreich.

Neben der Entwicklung der Stromerzeugung für die EU-15 im Referenzszenario ist diese auch für die Länder Deutschland und Frankreich in Abbildung 1 dargestellt. Aufgrund des Kernenergieausstiegs in Deutschland nimmt die Stromerzeugung aus Kernkraft bis zum Jahr 2020 auf 0 TWh ab. Die Stromerzeugung aus Gaskraftwerken in Deutschland steigt wie auf europäischer Ebene signifikant an und erreicht im Jahr 2020 ca. 220 TWh. Dieser Anstieg reicht allerdings nicht aus, um die verringerte Stromerzeugung aus Kohle- und Kernkraftwerken zu kompensieren, so dass sich der Stromimport kontinuierlich erhöht, um die Nachfrage zu befriedigen. Für Frankreich zeigen die Modellergebnisse, dass die Stromproduktion aus Kernkraftwerken bis zum Jahr 2020 stark ansteigt und ein Niveau von über 600 TWh im Jahr 2020 erreicht. Ein Großteil der zusätzlichen Stromerzeugung in Frankreich wird nicht zur Befriedigung der eigenen Nachfrage genutzt, sondern um Strom in Nachbarländer zu exportieren.

Anders als die physikalisch begrenzten Stromflüsse zwischen den Regionen haben die CO_2-Zertifikate keine technischen Grenzen. Da keine Regelungen für eine Beschränkung des Handels in den Szenarien eingeführt werden, stellt sich ein europaweit einheitlicher CO_2-Preis ein. Preisinformationen werden aus den Grenzkosten der Emissionsbeschränkung abgeleitet. Zusammen mit der relativ wachsenden Knappheit der Emissionsrechte, die sich durch die steigende Elektrizitätsnachfrage in europäischen Ländern ausbildet, steigen die Grenzkosten für die Reduktion von 10 €/t in 2005 bis auf 25,4 €/t in 2020. Die Grenzkosten der CO_2-Reduktion, welche als Indikator für den zukünftigen Zertifikatpreis interpretiert werden können, sind im Referenzszenario in Tabelle 1 zu sehen.

	2005-2007	2008-2012	2013-2017	2018-2022
CO_2-Grenzvermeidungs-kosten [€/t CO_2]	10,0	22,0	24,0	25,4

Tab. 1: Grenzkosten der CO_2-Emmissionsreduktion (Referenzszenario).

Die Ergebnisse des Referenzszenarios zeigen, dass die Einführung eines Emissionshandels mit Minderungszielen für den CO_2-Ausstoß, nicht für die politisch gewünschte Steigerung der Stromerzeugung aus erneuerbaren Energien ausreichend ist. Folglich sind für einen Anstieg der regenerativen Stromerzeugung entsprechende Fördermechanismen notwendig, um die Zielvorgaben der europäischen Kommission zu erreichen.

Im Folgenden werden die Modellergebnisse im Szenario „Targets_national" mit den Ergebnissen des Referenzszenarios verglichen (siehe Abbildung 2). Unter Berücksichtigung der von der europäischen Kommission geforderten Ziele für den Ausbau erneuerbarer Energien steigt die regenerative Stromproduktion stark an. Hierzu werden im Modell insbesondere neue Wind- und Biomassekraftwerke genutzt. Allein die Produktion aus Windenergie beträgt im Jahr 2020 in der EU-15 knapp 500 TWh. Im Gegensatz zum Referenzszenario tragen erneuerbare Energien im Jahr 2020 mit ca. 1 200 TWh zur Stromerzeugung bei.

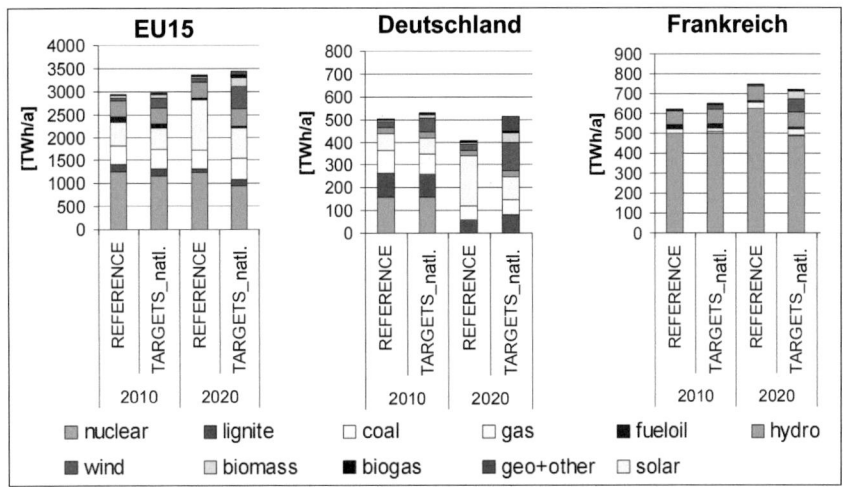

Abb. 2: Entwicklung der Stromerzeugung im Vergleich zwischen Referenzszenario und Szenario „Targets_national" in der EU-15, Deutschland und Frankreich.

Wie auch in Abbildung 2 ersichtlich ist, verdrängt die regenerative Stromerzeugung im Vergleich zum Referenzszenario insbesondere die Stromerzeugung aus Gas- und Kernkraftwerken. Die Stromerzeugung aus Gaskraftwerken in der EU-15 beträgt im Jahr 2020 ca. 650 TWh und die aus Kernenergie ca. 980 TWh, die damit gegenüber der Produktion im Jahr 2005 leicht abnimmt. Da die Stromproduktion aus regenerativen Ressourcen nahezu CO_2-frei ist, sind weniger CO_2-Minderungsmaßnahmen im konventionellen System im Vergleich zum Referenzszenario notwendig. Dies zeigt sich auch in den Modellrechnungen, da die Stromerzeugung aus Kohlekraftwerken im Vergleich zum Referenzszenario leicht zunimmt.

In Deutschland führen die Ausbauziele für erneuerbare Energien zu einer deutlich höheren Stromproduktion im Jahr 2020, d.h. die regenerative Stromerzeugung ersetzt zu einem Teil Importe aus dem Ausland. Zudem verdrängt die regenerative Stromerzeugung insbesondere die Stromproduktion aus Gaskraftwerken im Vergleich zum Referenzszenario. Diese beträgt im Jahr 2020 knapp 100 TWh. Im Gegensatz zum Referenzszenario kann durch die nahezu CO_2-freie Stromerzeugung aus erneuerbaren Energien die Stromerzeugung aus Kohlekraftwerken (sowohl Braun- als auch Steinkohle) im Jahr 2020 trotz der vorgegebenen Minderungsziele eine Höhe von ca. 150 TWh erreichen. Damit nimmt die Stromerzeugung aus Kohlekraftwerken im Vergleich zum Jahr 2005 zwar leicht ab, ist aber im Vergleich zum Referenzszenario deutlich höher.

In Frankreich ersetzt der Ausbau erneuerbarer Energien insbesondere die Strom-produktion aus Kernkraftwerken, die im Jahr 2020 ca. 500 TWh entspricht. Zudem ist die gesamte Stromerzeugung im Jahr 2020 im Vergleich zum Referenzszenario in Frankreich etwas geringer, da in den Nachbarländern aufgrund der Vorgabe für die Nutzung erneuer-barer Energien die Stromproduktion höher ist.

In Abbildung 3 ist die Stromerzeugung aus erneuerbaren Energien vergleichend für das Szenario „Incentives" und „Targets_national" dargestellt. In der Abbildung ist jeweils das gesamte zur Verfügung stehende Potential aufgetragen und zu welchem Zeitpunkt dieses zur Stromerzeugung genutzt wird. Bei der großen Wasserkraft ist ersichtlich, dass das Potential bereits im Jahr 2000 nahezu vollständig ausgeschöpft ist. In der Abbildung ist erkennbar, dass die Potentiale für Wind, Biomasse, Wasserkraft und Biogas im Zeitverlauf bis 2020 weitestgehend ausgeschöpft werden. Im Szenario „Incentives" sind die aktuellen Fördermechanismen zum Ausbau erneuerbarer Energien unterstellt. In diesem Szenario werden die EU-Ausbauziele für das Jahr 2010 zwar gerade erreicht, allerdings nur 72 % des angestrebten Ausbauziels für das Jahr 2020. Die geringere Ausnutzung der Potentiale im Szenario „Incentives" im Vergleich zum Szenario „Targets_national" zeigt sich unter anderem bei den Potentialen der Windenergie, der festen Biomasse und des Biogases.

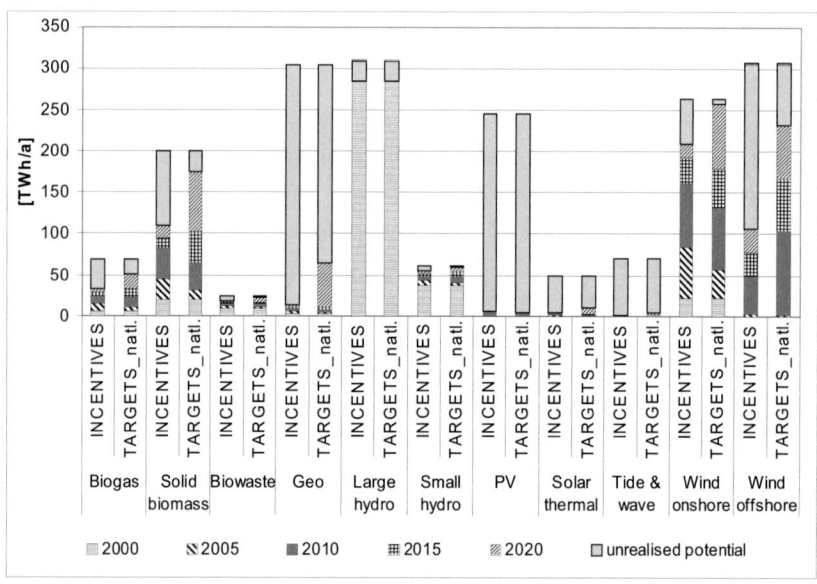

Abb. 3: Stromerzeugung aus erneuerbaren Energien in der EU-15 im Vergleich.

Neben der Entwicklung der erneuerbaren Stromerzeugung, sollen die ökonomischen Auswirkungen kurz dargestellt werden. Abbildung 4 zeigt die Entwicklung der Grenzkosten der Stromerzeugung. Es kann beobachtet werden, dass die Grenzkosten der Stromerzeugung mit Förderung erneuerbarer Energien geringer sind als im Referenzszenario. Dies lässt sich durch den sogenannten Merit-Order Effekt erklären (vgl. [11]). Dennoch steigen die Grenzkosten der Stromerzeugung von ca. 32 €/MWh im Jahr 2005 auf über 40 €/MWh an. An dieser Stelle ist natürlich zu erwähnen, dass der Merit-Order Effekt zwar zu niedrigeren durchschnittlichen Grenzkosten führt, aber die Ausgaben für die Förderung erneuerbarer Energien hierbei nicht berücksichtigt sind. Diese Ausgaben müssten prinzipiell auf die Grenzkosten der Stromerzeugung addiert werden, um die Ergebnisse vergleichen zu können. Um die Ausbauziele der EU im Jahr 2020 zu erreichen, sind durchschnittliche Mehrausgaben von knapp 20 €/MWh in 2020 erforderlich. Werden diese zusätzlichen Ausgaben in Relation zu den Grenzkosten gesetzt, entspricht dies einer Erhöhung der durchschnittlichen Grenzkosten im Jahr 2020 von knapp 50 %.

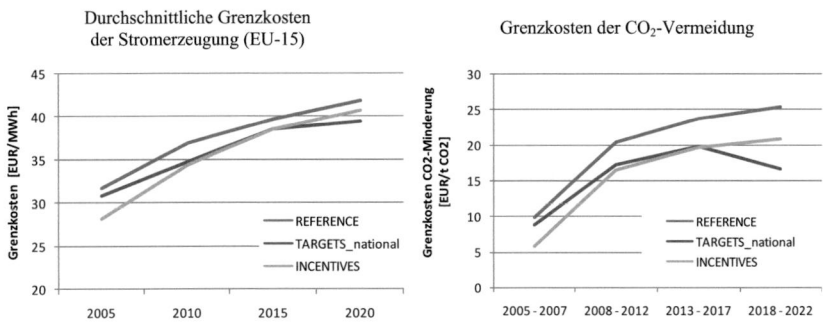

Abb. 4: Grenzkosten der Stromerzeugung und der CO_2-Vermeidung im Vergleich.

Auch bei den Grenzkosten der CO_2-Vermeidung lässt sich erkennen, dass in den Szenarien mit Förderung erneuerbarer Energien die Grenzkosten der CO_2-Vermeidung geringer sind als im Referenzszenario. Dies lässt sich dadurch erklären, dass mit den Zielen für die Nutzung erneuerbarer Energien wenigere und billigere Reduktionsmaßnahmen bei den konventionellen Stromerzeugungsprozessen ausreichen, um die erforderliche CO_2-Reduktion zu erreichen. Die Nutzung der RES-E Potentialen führt somit zu einer Verringerung des CO_2-Zertifikatspreises. Allerdings ist auch hier zu berücksichtigen, dass die anvisierte Nutzung von erneuerbaren Energien zu höheren Gesamtsystemsausgaben führt. Die Grenzkosten der CO_2-Reduktion steigen im Referenzszenario von ca. 10 €/t in 2005 auf über 25 €/t in 2020 an. Im Szenario „Targets_national" in dem die Ausbauziele zur Nutzung erneuerbarer Energien im Jahr 2020 erreicht werden, steigen die Grenzkosten der CO_2-Reduktion auf nur knapp über 15 €/t an.

In dem Modellansatz können neben den Grenzkosten der Stromerzeugung und der CO_2-Vermeidung auch die Grenzkosten der Zielerreichung der erneuerbaren Energien ermittelt werden. Diese Grenzkosten können als Indikator für grüne Zertifikatspreise angesehen werden, d.h. Preise in einem idealen Handelssystem für erneuerbare Energien. Die Grenzkosten der Nutzung erneuerbarer Energien liegen im Jahr 2010 bei 247 €/MWh und steigen bis zum Jahr 2020 auf über 500 €/MWh an. Daran lässt sich erkennen, dass insbesondere für die Zielerreichung im Jahr 2020 sehr teure Potentiale ausgeschöpft werden müssen.

Die vorgestellten Ergebnisse verdeutlichen, dass das in dem Beitrag vorgestellte gemischt-ganzzahlige Optimiersystem auf Basis eines Energie- und Stoffflussmodells ein methodisches Hilfsmittel für Energieversorgungsunternehmen und politische Entscheidungsträger darstellt, dessen Einsatz eine fundierte Entscheidungsunterstützung beim Ausbau erneuerbarer Energien und der Entwicklung des Energiesystems ermöglicht.

Literaturverzeichnis

[1] Brooke, A.; Kendrick, D.; Meeraus, A.; Raman, R.: *GAMS - A User's Guide (Edition December 1998)*. Washington: GAMS Development Corporation, 1998.

[2] Commission of the European Communities: Directive 2001/77/EC of the European Parliament and of the Council of 27 September 2001 on the promotion of electricity produced from renewable energy sources in the internal electricity market. Brussels: Commission of the European Communities, 2001.

[3] Commission of the European Communities: Directive 2009/28/EC of the European Parliament and of the Council of 23 April 2009 on the promotion of the use of energy from renewable sources and amending and subsequently repealing Directives 2001/77/EC and 2003/30/EC. Brussels: Commission of the European Communities, 2009.

[4] Dena: Energiewirtschaftliche Planung für die Netzintegration von Windenergie in Deutschland an Land und Offshore bis zum Jahr 2020 - Endbericht -, Deutsche Energie-Agentur GmbH (dena), 2005.

[5] Enzensberger, N.: Entwicklung und Anwendung eines Strom- und Zertifikatmodells für den europäischen Energiesektor. Karlsruhe: Düsseldorf, VDI-Verlag, VDI Reihe 16, Nr. 159, 2003.

[6]   Fichtner, W.: Strategische Optionen der Energieversorger zur CO_2-Minderung: ein Energie-
       und Stoffflussmodell zur Entscheidungsunterstützung. Berlin: Erich Schmidt, 1999.

[7]   Fichtner, W.; Göbelt, M.; Rentz, O.: Ein Modell zur strategischen Investitionsplanung bei
       Energieversorgern unter Berücksichtigung von Unsicherheiten, in: Zeitschrift für
       Energiewirtschaft, 26 (2002), H. 3, S. 1-12.

[8]   Huber, C.; Faber, T.; Resch, G.; Auer, H.; Obersteiner, C.: Auswirkungen von
       Förderinstrumenten auf den Ausbau erneuerbarer Energieträger zur Stromerzeugung in
       Europa unter Berücksichtigung von windbedingten Zusatzkosten, in: ZfE - Zeitschrift für
       Energiewirtschaft, 29 (2005), H. 1, S. 11-24.

[9]   Möst, D.: Zur Wettbewerbsfähigkeit der Wasserkraft in liberalisierten Elektrizitätsmärkten -
       eine modellgestützte Analyse dargestellt am Beispiel des schweizerischen
       Energieversorgungssystems. Dissertation Universität Karlsruhe: Peter Lang Verlag, 2006.

[10] Rosen, J.: The future role of renewable energy sources in European electricity supply: A
       model-based analysis for the EU-15, Universitätsverlag Karlsruhe, 2007,
       http://digbib.ubka.uni-karlsruhe.de/volltexte/1000007531.

[11] Sensfuß, Frank; Ragwitz, M.; Genoese, M.: The merit-order effect: A detailed analysis of
       the price effect of renewable electricity generation on spot market prices in Germany, in:
       Energy Policy, 36 (2008), H. 8, S. 3086-3094.

Systematische Erfassung von CO_2-Minderungspotenzialen als ein Bestandteil der Unternehmenssteuerung

Sarah SCHWARZ

Vattenfall Europe AG
10115 Berlin, Deutschland
E-Mail: sarah.schwarz@vattenfall.de, Tel.: +49 (0)30 8182 4032

Kurzfassung

Mit der Einführung des Europäischen Emissionshandelssystems (ETS) hat die EU einen marktbasierten Ansatz zur kosteneffizienten Durchsetzung ihrer klimapolitischen Ziele eingeführt. CO_2-Emissionen erhalten durch die Cap-and-Trade-Systematik den Status eines Produktionsfaktors, dessen Preis sich aufgrund von Knappheitsverhältnissen bildet. Insbesondere für Energieversorger als derzeit größte Einzelemittenten von CO_2 ist es daher mit Blick auf die künftige Wettbewerbsfähigkeit von entscheidender Bedeutung, alle wirtschaftlich vertretbaren Möglichkeiten auszuschöpfen, ihre CO_2-Emissionen zu senken.

Der Erfolg eines Wirtschaftsunternehmens wird primär am betriebswirtschaftlichen Erfolg gemessen. Klimaschutz und betriebswirtschaftliches Handeln dürfen also nicht in Widerspruch zueinander geraten, wenn nachhaltig Erfolg angestrebt wird. Am Beispiel von der Vattenfall Europe AG wird gezeigt, wie CO_2-Vermeidung in die Unternehmensplanung integriert werden kann. Aus Unternehmenssicht sind dabei zwei Aspekte zu berücksichtigen: die Umsetzung konkreter Projekte und die Sensibilisierung der Mitarbeiter für das Thema CO_2-Vermeidung. Im Rahmen des „Internal Abatement Map"-Projektes wurde ein Ansatz entwickelt, eine eigene Antwort auf das Spannungsfeld zwischen wirtschaftlichem Handeln, politischen Rahmenbedingungen und gesellschaftlicher Verantwortung zu finden.

Hierzu wird zunächst der Vermeidungskostenansatz herangezogen, der Ausgangspunkt der bereits bekannten globalen und nationalen externen Makro-Abatement-Maps ist und zur Identifikation von volkswirtschaftlichen Vermeidungspotenzialen im Hinblick auf den CO_2-Minderungseffekt und die volkswirtschaftlichen Kosten dient. Der Analyse dieses Ansatzes folgt die Bewertung, inwieweit eine Übertragung auf Unternehmen hinsichtlich Potenzialanalyse und Bildung von Prioritäten möglich ist. In diesem Zusammenhang ist die Darstellung der für Unternehmen relevanten finanziellen Einflussparameter im Hinblick auf CO_2-Vermeidung wichtig. Es ist unabdingbar, dass neben der Kosten- auch die Erlösseite betrachtet werden muss, da beide nicht nur von den Marktmechanismen, sondern auch wesentlich von den durch die Politik eingeführten Klimaschutzinstrumenten abhängig sind und somit für verschiedene Technologien variieren. Bezug nehmend auf den sich somit ergebenden mehrdimensionalen Ergebnisraum wird darauf eingegangen, inwieweit eine sinnvolle Handlungsempfehlung bzw. Entscheidungsgrundlage erarbeitet werden kann.

Welche Chancen und Möglichkeiten haben Unternehmen unter den bestehenden Rahmenbedingungen, CO_2-Reduktionen umzusetzen? Diese Frage und das Vattenfall-Europe-Konzept, CO_2-Vermeidung als wesentlichen zusätzlichen Bewertungsmaßstab von Projekten in den Planungsprozess des Unternehmens zu integrieren, bilden den Abschluss der Diskussion.

Stichworte

Vermeidungskosten, Abatement Map, CO_2-Minderung, Unternehmensperspektive

1 Einleitung

Die überwiegende Mehrzahl der Wissenschaftler, Politiker und Unternehmenslenker ist sich heute darüber einig, dass sich das Weltklima durch den Einfluss des Menschen sehr schnell verändert. Es besteht zudem ein weitgehender Konsens darüber, dass die volkswirtschaftlichen Kosten für die Begrenzung des Temperaturanstieges durch eine Verringerung der Treibhausgasemissionen deutlich geringer sein werden als die volkswirtschaftlichen Kosten für die Beseitigung der Schäden bei einem weiteren ungebremsten Fortgang der Klimaerwärmung. Dieser Erkenntnis folgend, werden auf allen Ebenen politische und legislative Instrumente entwickelt, um die Emissionen von Treibhausgasen zu verringern und damit die Klimaerwärmung auf etwa 2 Grad oberhalb des vorindustriellen Niveaus zu begrenzen. Zu diesen Instrumenten zählen Emissionsstandards, die Förderung emissionsarmer Technologien und vor allem der Emissionshandel mit den Elementen Emissionsdeckel (cap) und handelbaren Emissionsrechten (trade).

Wirtschaftsunternehmen haben grundsätzlich das Ziel, Gewinne zu erwirtschaften, d.h. das eingesetzte Kapital zu verzinsen. Die alleinige Erkenntnis, dass Treibhausgas-emissionen zur Klimaerwärmung beitragen, wird daher nicht dazu führen, dass die Unternehmen auf emissionsärmere Produktionsverfahren umsteigen, solange diese Verfahren relativ unwirtschaftlich sind. Es bedarf also des mit den o.g. Instrumenten ausgestatteten politischen und legislativen Rahmens, um die Unternehmen und damit die

Volkswirtschaft zur Entwicklung und Anwendung emissionsarmer Technologien zu bewegen.

Kernelement aller marktwirtschaftlichen Klimaschutzinstrumente ist ein Preis für die Emissionen von Treibhausgasen. Er schafft Anreize für die Senkung von Treibhausgasemissionen und damit die Ratio für Investitionen in emissionsärmere Technologien. Für teure, langfristig wirksame Investitionen ist es wichtig, dass es klar definierte Rahmenbedingungen für die Preisbildung der Emissionsrechte gibt, damit der Preis, wenn nicht bekannt, zumindest prognostizierbar ist und künftige Kosten und mit einer Investition verbundenen Risiken abgeschätzt werden können. Davon sind wir heute leider noch weit entfernt, weil weder der Emissionsdeckel in seiner längerfristigen Entwicklung noch der Umfang des Emissionshandelssystems nach Regionen und Branchen feststeht noch Klarheit darüber herrscht, wie die Zertifikate zugeteilt werden, und auch nicht erkennbar ist, welche anderen (ggf. auch sehr marktfernen) Politikinstrumente den Emissionshandelsmarkt beeinflussen werden und in welchem Maße das höhere Preisniveau für Strom und auch alle anderen Produkte Akzeptanz finden wird. Trotz der langfristig unklaren Rahmenbedingungen schaffen sich die Unternehmen derzeit selbst Vorstellungen von der zukünftigen Marktentwicklung und richten ihre Strategien danach aus. Unterschiede zwischen den Unternehmen basieren dabei augenscheinlich auf unterschiedlichen Erwartungen hinsichtlich der Entwicklung von Märkten, Technologien und der Legislatur.

Die Vattenfall Europe AG hat mittlerweile in Anbetracht der Klimaveränderungen und in Erwartung von auf konsequente Senkung der Treibhausgasemissionen ausgerichteten marktwirtschaftlichen Rahmenbedingungen die gesamte Unternehmensstrategie auf die Senkung der spezifischen CO_2-Emissionen der Strom- und Wärmeerzeugung ausgerichtet. Die Ziele bestehen in einer Senkung der spezifischen Emissionen um 50 % bis 2030 gegenüber dem Niveau von 1990 und einer Senkung der Emissionen auf nahe Null in 2050. Vattenfall Europe arbeitet derzeit mit voller Kraft daran, die zur Erreichung dieser Ziele notwendigen Technologien zur kommerziellen Reife zu führen, indem Test- und Pilotanlagen für Carbon Capture Storage (CCS) und Offshore-Windanlagen errichtet und betrieben werden (vgl. Abb. 1). Vattenfall Europe ist damit bereits im erheblichen Maße in Vorleistung gegangen. Kommerzielle Großinvestitionen werden sich dann im Einzelfall aber wieder an Wirtschaftlichkeitskriterien orientieren müssen.

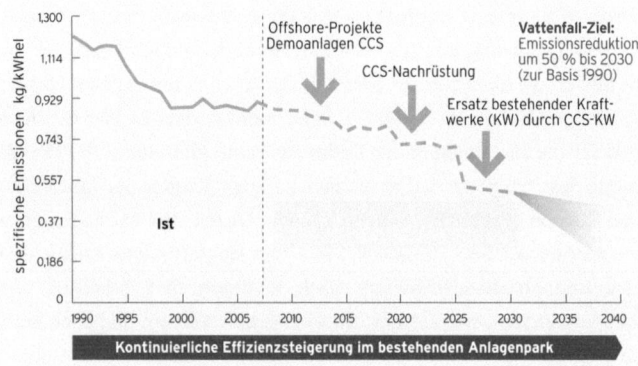

Abb. 1: Szenario zur CO_2-Minderung von Vattenfall in Deutschland.

Bei aller Unsicherheit über die zukünftige Entwicklung wird deutlich, dass eine massive Änderung der Rand- und Rahmenbedingungen für den Umgang mit CO_2-emittierenden Anlagen seit der Einführung des Emissionshandels 2005 Realität geworden ist. Die spezifischen CO_2-Emissionen eines Kraftwerkes sind in Verbindung mit dem CO_2-Preis mittlerweile maßgeblich für die Wirtschaftlichkeit und den Einsatz der Anlagen am Strommarkt. Damit haben sich auch sehr deutlich die Bedingungen für Modernisierungsinvestitionen in die Anlagen zur Erhöhung des Wirkungsgrades verändert. Offensichtlich gibt es Maßnahmen, die noch vor wenigen Jahren geprüft und dann aber wegen Unwirtschaftlichkeit verworfen wurden, die sich nun aber in einem Zeitraum amortisieren, für den die Rahmenbedingungen relativ klar scheinen. Dass es solche Fälle gibt, war zu erwarten. Vollkommen unklar war aber, auf welche Anlagen und Anlagenteile dies konkret zutrifft und wie es um die Umsetzbarkeit solcher wirtschaftlich gewordenen Emissionssenkungsmaßnahmen bestellt ist. Wir mussten feststellen, dass das Unternehmen nicht darauf ausgerichtet war, eine systematische Evaluation der infolge galoppierend veränderter Rahmenbedingungen wirtschaftlich gewordenen Maßnahmen durchzuführen und diese in eine sinnvolle Rang- und Reihenfolge zu stellen.

Im Folgenden wird beschrieben, welche Methodik Vattenfall Europe entwickelt hat und mittlerweile anwendet, um das wirtschaftliche Emissionssenkungspotenzial auszuschöpfen.

2 Die Internal Abatement Map als Steuerungsinstrument in Unternehmen

Im Rahmen ihrer ambitionierten Klimaziele hat sich die Vattenfall Europe AG dazu entschlossen, ein Instrument zu entwickeln, um CO_2-Minderungsoptionen systematisch zu erfassen und als wesentlichen Bestandteil in die mittelfristige Planung zu integrieren. Dazu wurde die existierende Methodik der Abatement Map (Vermeidungskostenkurve) für die unternehmensinterne Anwendung angepasst. Der Fokus lag dabei sowohl auf der systematischen Erfassung und Bewertung aller Potenziale als auch auf der Einbindung einer großen Anzahl von Mitarbeitern und Unternehmensbereichen, um so Akzeptanz und langfristige Integration in Entscheidungsprozesse des Unternehmens sicherzustellen.

2.1 Der volkswirtschaftliche Ansatz der Abatement Map

Ziel einer (volkswirtschaftlichen) Abatement Map ist es, für ein gewähltes System (z.B. ein einzelnes Land, einen Industriesektor oder die gesamte Erde) alle bekannten CO_2-Minderungsoptionen zusammenzustellen und vergleichbar zu machen. Dabei werden die identifizierten Maßnahmen nach ihrem Minderungspotenzial (Tonnen CO_2, die durch diese Maßnahmen insgesamt vermieden werden können) quantifiziert und nach ihren spezifischen Vermeidungskosten (€/t CO_2) geordnet. Eine solche Darstellung schafft nicht nur Transparenz über Vermeidungsoptionen, sondern erlaubt politischen Entscheidungsträgern die volkswirtschaftlichen Kosten von politisch angestrebten Minderungszielen abzuschätzen.

Im Januar 2007 hat Vattenfall zusammen mit McKinsey zum ersten Mal eine „Global Climate Impact Abatement Map" veröffentlicht. Dabei wurden globale Potenziale nicht nur in der Energiewirtschaft, sondern auch in den Bereichen Industrie, Transport, Gebäude, Forst- und Landwirtschaft identifiziert. Diese volkswirtschaftliche Abatement Map stellt einen ersten Versuch dar, alle Optionen zur globalen CO_2-Vermeidung, mitsamt der erreichbaren Einspareffekte und der Vermeidungskosten, aufzuzeigen (vgl. Abb. 2). Die Darstellung kann als Basis für Analyse und Diskussion regulatorischer Rahmenbedingungen genutzt werden, ist jedoch noch keine vollständige Erfassung auf Basis von Detailanalysen. Zudem hängen die Ergebnisse stark von dem gewählten Marktpreisszenario für Brennstoffe und Kostenschätzungen für die Vermeidungsmaßnahmen ab.

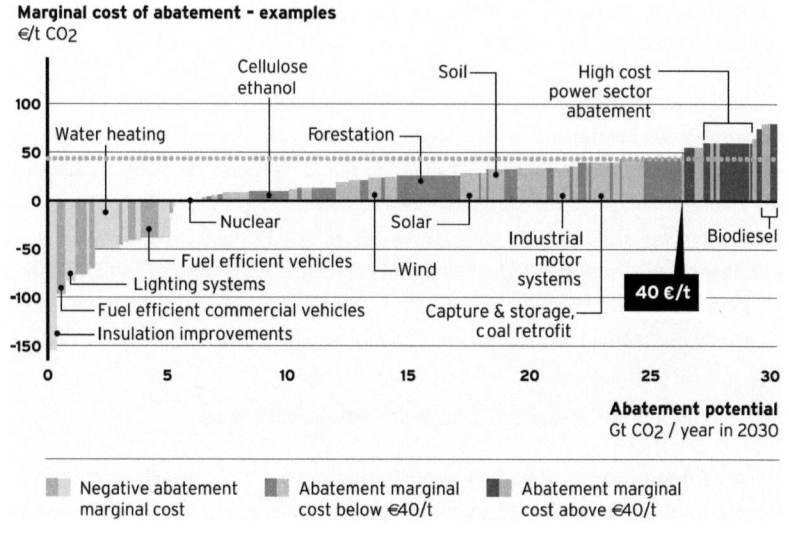

Abb. 2: Global Abatement Map[1].

Wie in Abbildung 2 erkennbar, gibt die Breite eines Balkens das Vermeidungs-potenzial der jeweiligen Maßnahme an, seine Höhe die spezifischen Vermeidungskosten. Weiter links stehende Maßnahmen sind aus volkswirtschaftlicher Sicht günstiger, weiter rechts stehende sind weniger vorteilhaft. Basis für die Priorisierung ist mithin nicht das absolute Minderungspotenzial, sondern sind die Kosten, die zur Minderung einer Tonne CO_2 getragen werden müssen (Vermeidungskosten). Die Vermeidungskosten einer Maßnahme errechnen sich über den Vergleich mit einer Referenztechnologie und geben daher nicht die absoluten Vollkosten der jeweiligen Maßnahme, sondern lediglich die Differenzkosten zur Referenztechnologie an. Vermeidungskosten können daher nur schwer verglichen werden, wenn die Referenzannahmen nicht bekannt sind bzw. unterschiedliche Referenzen gewählt wurden.

In der Energiewirtschaft berechnen sich die Vermeidungskosten einer Technologie meist durch den Vergleich der spezifischen Kosten [€/MWh] und der spezifischen Emissionen [t CO_2/MWh] einer CO_2-armen Technologie mit denen einer Referenz-

---

[1] http://www.vattenfall.com/www/ccc/ccc/569512nextx/573859globa/574118cost/index.jsp

technologie mit höheren spezifischen Emissionen[2]. Den spezifischen Kosten werden gewöhnlich sowohl die Kapitalkosten als auch die Betriebskosten zu Grunde gelegt. Negative Vermeidungskosten besagen, dass die CO_2-ärmere Alternative zu einer Kostenersparnis führt. So werden beispielsweise durch einige Energieeinsparmaßnahmen CO_2-Emissionen vermieden und gleichzeitig Energiekosten gespart. Positive Vermeidungskosten treten dann auf, wenn eine CO_2-Vermeidungsoption unter gegebenen Rahmenbedingungen im Vergleich zur Referenz höhere Kosten aufweist. Bei der Stromerzeugung aus Windkraft gehen beispielsweise die vermiedenen CO_2-Emissionen mit deutlich höheren Stromgestehungskosten als bei der Referenztechnologie Steinkohlekraftwerk einher.

Die Global Abatement Map zeigt, dass die günstigsten Vermeidungsmaßnahmen in der Regel nicht in der Energiewirtschaft zu finden sind, sondern eher im Bereich der Energieeffizienz im Verkehrssektor und in der Gebäudewirtschaft[3]. Schon hier wird allerdings deutlich, dass die rein volkswirtschaftliche Perspektive aus Unternehmenssicht nicht ausreicht. Beispielsweise sind für einen Betreiber einer Anlage, die dem Emissionshandel unterliegt, die Kosten der CO_2-Zertifikate entscheidungsrelevant. Es ist daher zu erwarten, dass entsprechende Maßnahmen in einer unternehmensinternen Abatement Map weiter links eingeordnet werden als auf einer volkswirtschaftlichen Abatement Map.

Im Folgenden soll daher eine Methodik für die Aufstellung unternehmensinterner Abatement Maps diskutiert werden.

2.2 Die Methodik der Internal Abatement Map

Wendet man den Abatement-Map-Ansatz auf Teilsysteme wie Länder, Sektoren oder Unternehmen an, so stellt sich die Frage nach den Systemgrenzen. Grundsätzlich hängt die Wahl der Systemgrenzen von der Zielstellung ab. Um die Beeinflussbarkeit durch das Unternehmen abzubilden und Doppelzählung zu vermeiden, wurden im Vattenfall-Projekt grundsätzlich die direkten Emissionen betrachtet, d.h. Emissionen, die in den Produktionsstätten von Vattenfall in Deutschland durch Umwandlung von fossilen Brennstoffen erzeugt werden. Auf einen so genannten „Climate Footprint" wurde verzichtet, d.h. mögliche Emissionen der Vorketten wurden nicht berücksichtigt.

---

[2] Notwendiges Kriterium: Referenztechnologie muss höhere spezifische Emissionen haben als die Vermeidungsoption.
[3] mehr dazu: www.vattenfall.com

Die enge Definition scheint für die Strom- und Wärmeerzeugung, die bei Vattenfall Europe den größten Anteil der Emissionen ausmachen, sinnvoll, würde jedoch Maßnahmen zur Reduktion von Strom- und Wärmeverbrauch in Betriebs- und Verwaltungsgebäuden, der IT und Emissionen, die durch Dienstreisen verursacht werden, ausschließen. Diese Maßnahmen, vorrangig im Energieeffizienzbereich, befinden sich ganz links in der Abatement Map, sind also kostengünstig. Da zudem das Projekt auch genutzt werden sollte, um Bewusstsein und Engagement der Mitarbeiter zu stärken, wurden hier etwas weitere Bilanzgrenzen gezogen und z.b. Emissionen durch Reisetätigkeit, Stromverbrauch von IT-Geräten und Strom- und Wärmeverbrauch in Betriebsgebäuden in die Internal Abatement Map aufgenommen.

Wie oben beschrieben ist der dargestellte volkswirtschaftliche Ansatz nicht ohne Weiteres auf Unternehmen übertragbar. Im Rahmen der Projektphase wurden verschiedene Möglichkeiten untersucht, inwiefern es möglich ist eine Kennzahl zu bilden, mittels derer verschiedenartige Projekte miteinander verglichen werden können. Die Vermeidungskosten stellten sich dabei als nicht geeignet heraus. Zum einen entspricht der Vergleich von zwei Technologien im Normalfall nicht der realen Entscheidungssituation, sondern die Entscheidung für oder gegen ein Projekt erfolgt häufig in einer „Stand-Alone"-Bewertung. Zum anderen wird in der betriebswirtschaftlichen Steuerungs- und Optimierungslogik über den Kapitaleinsatz nicht allein auf Grundlage der Kosten entschieden; häufig stellt der Barwert der Cash Flows (Net Present Value) ein aussagefähigeres Entscheidungskriterium dar. Ziel ist im Regelfall die maximale Verzinsung der eingesetzten Investitionsmittel, nicht die Minimierung der Kosten.

Mit dem Net Present Value (NPV) ist eine Aussage darüber möglich, ob ein Projekt unter Berücksichtigung der unternehmensspezifischen Renditeanforderungen und der Prognosen zur Preisentwicklung am Ende seiner Laufzeit wirtschaftlich (positiver NPV) oder unwirtschaftlich (negativer NPV) ist. Setzt man den NPV einer Maßnahme an die Stelle der Kosten und berechnet die vermiedenen Tonnen CO_2 aus der durch eine Maßnahme erzielten Reduktion gegenüber einem definierten Referenzfall, so erhält man die Relation „NPV/vermiedene Tonne CO_2". Ist der NPV negativ, kann an der Relation abgelesen werden, welcher Wertverlust mit jeder Tonne eingespartem CO_2 in Kauf genommen werden muss. In einem solchen Fall liefert die Sortierung in der Abatement Map einen guten Anhaltspunkt zur Priorisierung von Projekten (Ziel: Minimierung des Betrags des NPV und gleichzeitig Maximierung der CO_2-Vermeidung). Allerdings stellt sich die Frage, ob ein Unternehmen Projekte durchführt, die unter den konzerneigenen Renditeanforderungen liegen. Ist der NPV größer oder gleich Null, würde allerdings beim Vergleich von zwei Projekten mit einem gleichen NPV und unterschiedlicher CO_2-Vermeidung aufgrund des kleineren Quotienten das Projekt priorisiert, durch das weniger

Tonnen CO_2 vermieden werden. Dies widerspricht jedoch dem eigentlichen Ziel sowohl den NPV als auch die CO_2-Vermeidung zu maximieren. Im Fall unbegrenzt zur Verfügung stehender Investitionsmittel würden alle wirtschaftlichen Projekte durchgeführt. In der Realität ist jedoch bei der Priorisierung zu berücksichtigen, dass Unternehmen nur über begrenzte Investitionsmittel verfügen. Die Kennzahl kann somit nur einen Teil der Entscheidungsgrundlage bilden, eine optimale Entscheidung ist nicht abzuleiten. Vor diesem Hintergrund erscheint es sinnvoller, auch bei der grafischen Darstellung nicht nur die zwei Dimensionen NPV und CO_2-Vermeidung, sondern auch die Investitionskosten zu berücksichtigen (vgl. Abb. 3).

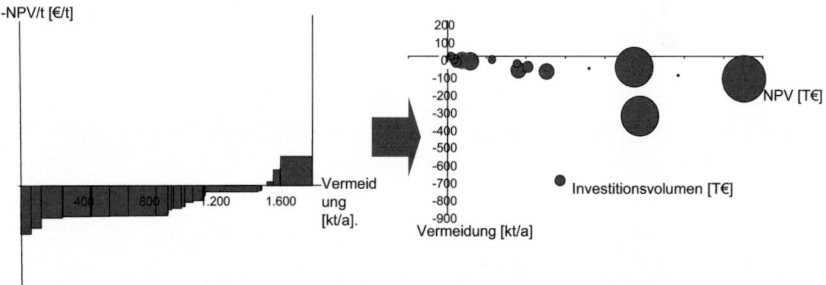

Abb. 3: Von der zwei- zur mehrdimensionalen Betrachtung.

2.3 Erfahrungen mit der IAM-Methodik bei Vattenfall Europe

Neben der Entwicklung der beschriebenen Bewertungsmethodik stellt der „Mapping"-Prozess an sich den wahrscheinlich wichtigsten Teil des Projektes dar. Während einer dreimonatigen Projektphase wurden daher in allen Geschäftsbereichen mögliche Projekte identifiziert und erste Abschätzungen bezüglich Wirtschaftlichkeit, CO_2-Reduktion und Zeitrahmen getroffen. Danach wurden die meisten Projekte genauer analysiert und finanziell bewertet.

Im Ergebnis wurde deutlich, dass eine Vielzahl der Projekte, die in den kommenden drei Jahren zu einer Emissionsreduktion führen können, bereits bekannt war. Andererseits konnten Projekte identifiziert werden, die zwar größtenteils geringe bis mittlere Vermeidungspotenziale aufweisen, aber durchaus wirtschaftlich sind. Als wahrscheinliche Gründe sind zu nennen:

- Projekte wurden zu früheren Zeitpunkten schon einmal bewertet, waren allerdings aufgrund anderer Rahmenbedingungen (z.b. CO_2-Preis) nicht wirtschaftlich.

- Durch die gestiegene Bedeutung der CO_2-Vermeidung und den Bottom-up-Ansatz wurden zusätzliche Projekte gemeldet, die zu früheren Zeitpunkten aufgrund der Unternehmensstrukturen, Arbeitsbelastung bzw. anderer Prioritäten vernachlässigt worden waren.

Die Umsetzung aller wirtschaftlichen Maßnahmen ist nicht nur wichtig zur Reduktion der Emissionen, sondern hat zusätzlich auch positiven Einfluss auf das Konzernergebnis. Hinzukommt, dass die aktive Umsetzung solcher Maßnahmen intern und extern die Ernsthaftigkeit der Emissionsminderungsbemühungen des Unternehmens unterstreicht.

Die größten Potenziale stellen die Investition in erneuerbare Energien, die Carbon Capture and Storage-Technologie und effiziente Kraft-Wärmekopplungs-Anlagen dar. Diese Maßnahmen führen zu einer systematischen Veränderung des Kraftwerksparks, sind allerdings aufgrund der großen Investitionssummen und teilweise noch nicht vorhandenen Marktreife nicht kurzfristig umzusetzen.

2.4 Die Integration von Minderungszielen in die Unternehmensplanung

Neben der Erfassung und Bewertung war es Ziel des Projektes, die Integration der Emissionsminderungsziele in die Unternehmensplanung zu ermöglichen.

Der Planungsprozess teilt sich bei der Mehrzahl der größeren Unternehmen in eine strategische Planung, bei der für einen Planungshorizont von mehreren Jahren strategische Ziele festlegt und Wege zu ihrer Erreichung skizziert werden, und eine finanzielle Planung (Mittelfrist- und Jahresplanung), bei der alle steuerungsrelevanten Finanzgrößen in voller Detailtiefe beziffert bzw. „budgetiert" werden.

In den klassischen Planungssystemen geht dabei mit dem schrittweise wachsenden Konkretisierungsgrad der Planung meist eine zunehmende Verengung auf rein finanzielle Zielgrößen einher. Während die strategische Planung üblicherweise noch eine Vielzahl strategischer Ziele – finanzielle ebenso wie nicht-monetäre Größen – definiert, zielt die Jahresplanung in der Regel ausschließlich auf zentrale Ergebnis- und Rendite-Indikatoren wie EBIT oder RONA (Return on Net Assets). Häufig unvermeidliche Zielkonflikte zwischen unterschiedlichen strategischen Zielgrößen werden so zugunsten finanzieller Kennzahlen aufgelöst.

Die Aufnahme und effektive Durchsetzung nicht-finanzieller Zielgrößen wie der CO_2-Minderung in der Unternehmensplanung stellen daher eine nicht zu unterschätzende

Herausforderung dar. Eine erfolgreiche Integration muss dabei folgende Fragen beantworten:

- Wie werden unternehmensweite Minderungsziele abgeleitet und wie wird die nötige Akzeptanz dieser Ziele im oberen Management erreicht?
- Wie erfolgen Monitoring/ Controlling der Zielerreichung?
- Wie können diese Ziele erfolgreich in bestehende Anreizsysteme integriert werden?

Als Ergebnis des Projektes wird der „Internal Abatement Mapping"-Prozess künftig in den Unternehmensplanungsprozess integriert (vgl. Abb. 4).

In der ersten Phase werden künftig jährlich die Potenziale abgeschätzt, indem mögliche Projekte identifiziert werden und eine erste Bewertung durchgeführt wird. In dieser Phase soll ein möglichst großer Mitarbeiterkreis mobilisiert werden. Dies geschieht u. a. durch Auftaktveranstaltungen in den verschiedenen Geschäftsbereichen. Auf Basis dieser Datensammlung wird in der zweiten Phase ein Entwurf der Abatement Map erstellt, um Gesamtpotenziale abschätzen zu können und eine Basis für die vorläufige Zieldefinition zu erhalten. Den Abschluss dieser Phase bildet die Entscheidung des Vorstands über Maßnahmenumfang und vorläufige Ziele für die Geschäftsbereiche. Dieser Schritt ist wichtig, um die Bedeutung der Projekte zu unterstreichen und das Commitment der Geschäftsbereiche sicherzustellen.

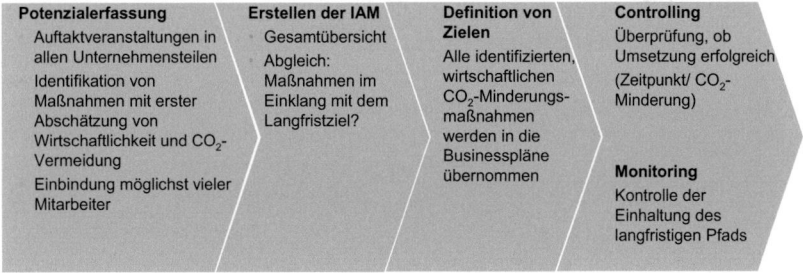

Abb. 4: IAM-Prozess als Teil der jährlichen Planung.

Bei der Zieldefinition ist zu beachten, dass das CO$_2$-Ziel nicht in Widerspruch zu weiteren Zielen gerät. Aus diesem Grund muss die Zielsetzung unter Berücksichtigung des Anlagenparks, der langfristigen Wachstumsstrategie und der Verfügbarkeit wirtschaftlicher Vermeidungsoptionen erfolgen.

Auf den ersten Blick scheint die Zieldefinition auf Basis der Ist-Emissionen sinnvoll, da dies aufgrund klarer Regeln für die Erfassung von Emissionen sehr transparent ist. Allerdings schwanken die Emissionen (spezifisch und absolut) nicht nur aufgrund durchgeführter CO_2-Minderungsmaßnahmen, sondern auch abhängig von Wetter (insbesondere wärmegeführte Kraftwerke), Revisionen und Kraftwerksausfällen, aber auch mit schwankenden Strom-, CO_2- und Brennstoffpreisen. Teilweise können diese kurzfristigen Effekte die Wirkung systematischer, langfristiger Maßnahmen übersteigen. Eine nachträgliche Bereinigung um diese Effekte ist teilweise nur schwer möglich. Die große Komplexität führt dazu, dass im kurzfristigen Kraftwerkseinsatz zur Zielerreichung möglicherweise Entscheidungen getroffen werden, die im Widerspruch zum finanziellen Optimum stehen. Dieser Konflikt kann umgangen werden, indem konkrete Maßnahmen definiert werden, deren Umsetzung im Nachgang in einem Maßnahmen-Controlling überprüft werden kann. Gleichzeitig wird in einem Monitoring der Ist-Emissionen der langfristige Pfad überprüft.

3 Schlussfolgerungen und Ausblick

Die unternehmensinterne Erfassung und wirtschaftliche Bewertung aller Vermeidungsoptionen ist im Umfeld des Emissionshandels unerlässlich. Der volkswirtschaftliche Abatement-Map-Ansatz kann nur bedingt auf Unternehmen übertragen werden. Die verwendete Relation der Vermeidungskosten ist ein sinnvolles Kriterium, um Technologien untereinander zu vergleichen, liefert allerdings nicht die für eine unternehmerische Entscheidung notwendigen Informationen. Die Kombination des Faktors CO_2-Vermeidung mit finanziellen Kennzahlen, die die interne Verzinsung widerspiegeln, erweist sich als sinnvoller für betriebswirtschaftliche Entscheidungen, kann aber ebenfalls nur als ein Entscheidungskriterium und nicht zur Priorisierung herangezogen werden.

Nichtsdestoweniger ist ein systematischer Prozess zur Erfassung der Vermeidungsoptionen wichtig, um im sich schnell verändernden Markt- und Technologie-Umfeld neu entstehende Potenziale zu heben. Hierbei ist insbesondere die Bedeutung der Einbindung der Mitarbeiter hervorzuheben. Für eine erfolgreiche Umsetzung des Prozesses ist allerdings die Integration in den Planungsprozess und bestehende Anreizsysteme sicherzustellen.

Ein System Dynamics Modell des deutschen Strommarkts

Modellentwicklung und Anwendung in der Unternehmenspraxis

Dr. Tobias JÄGER, Susanne SCHMIDT, Prof. Ute KARL

Europäisches Institut für Energieforschung (EIFER)
Emmy-Noether-Str. 11, 76131 Karlsruhe, Deutschland
E-Mail: tobias.jaeger@eifer.org, Tel.: +49 (0)721 6105 13 28

Kurzfassung

Das von EIFER entwickelte dynamische Simulationsmodell „Zertsim" für den Elektrizitätsmarkt in Deutschland mit einem Betrachtungszeitraum vom Jahr 1998 bis 2026 beruht auf dem „System Dynamics Ansatz". System Dynamics (SD) ist eine von Jay W. Forrester entwickelte Methodik zur ganzheitlichen Analyse und (Modell-)Simulation komplexer und dynamischer Systeme.

Ein Schwerpunkt der Modellentwicklung mit System Dynamics liegt auf der Simulation der Auswirkung umweltpolitischer Entscheidungen (z.B. Änderung der Höhe der CO_2-Steuer, Einspeisevergütungen für erneuerbare Energien) auf den Elektrizitätsmarkt.

Zu den hervorstechenden Eigenschaften des Modells gehören u.a. Schnelligkeit der Modellläufe und unmittelbare Ergebnisbereitstellung in anschaulicher Form. Eine erste praktische Anwendung fand das Modell „Zertsim" in einem eintägigen Workshop im April 2008 in Karlsruhe. Ziel des Workshops war es, unter Einbezug von Energieexperten aus Industrie und Energiewirtschaft der Region mögliche Entwicklungen des Elektrizitätssektors von Deutschland bei verschiedenen energiepolitischen und wirtschaftlichen Randbedingungen mit Hilfe des Modells „Zertsim" aufzuzeigen.

Ergebnis war eine Rangfolge ökonomischer und umweltpolitischer Einwirkungsfaktoren. Dabei weisen die höchste Wirkungsintensität in Bezug auf die Elektrizitätspreisentwicklung die umweltökonomischen Instrumente (hohe CO_2-Steuer, hohe Einspeisevergütungen), die Brennstoffpreise, die Nachfrageentwicklung und schließlich die Verlängerung der Laufzeiten der Kernkraftwerke in Deutschland auf. Bezüglich der CO_2-Emissionen haben die umweltpolitischen Instrumente den größten Einfluss, dann die Laufzeitverlängerung der Kernkraftanlagen in Deutschland, die sinkende Nachfrage und schließlich die Brennstoffpreise.

Stichworte

Dynamisches Simulationsmodell, deutscher Elektrizitätsmarkt, System Dynamics, Politikanalyse

1   Einleitung

Im Bereich der Energiesystemanalyse werden unterschiedliche Modelle eingesetzt, um Problemstellungen mit hoher Komplexität zu untersuchen und transparente Entscheidungsgrundlagen abzuleiten. Beispiele für solche komplexen Fragestellungen sind Zusammenhänge zwischen dem Energiesystem und Klimawandel, Liberalisierung, Globalisierung oder energie- und umweltpolitischen Maßnahmen.

Ziel dieses Beitrags ist es, die Anwendung eines dynamischen Simulationsmodells in der Unternehmenspraxis vorzustellen, das auf der Methodik von „System Dynamics" beruht.

Begonnen wird mit einer kurzen Modellbeschreibung des dynamischen Simulationsmodells „Zertsim" für den deutschen Strommarkt. Schwerpunkt dieses Artikels bildet die Anwendung des Modells. Gezeigt wird das Ergebnis einer Modellrechnung in Zusammenarbeit von Unternehmensvertretern und EIFER in einem Workshop. Berechnet wurden acht Szenarien in Bezug auf mögliche Entwicklungen des Elektrizitätsmarktes in Deutschland im Zeitraum von 1998 bis 2026.

2   Methode: System Dynamics

System Dynamics (SD) ist eine von Jay W. Forrester in den 60er Jahren entwickelte Methode zur ganzheitlichen Analyse und (Modell-)Simulation komplexer und dynamischer Systeme (Forrester 1961). Dabei fördert die Simulation unterschiedlicher Szenarien das Verständnis für das Systemverhalten im Zeitverlauf.

Kernelemente von Modellen, die der System Dynamics Methodik folgen, sind Variablen in mathematischen Gleichungen, die Bestands- („Stocks") und Flussgrößen („Flows") sowie kausale Beziehungen mittels kurz-, mittel- und langfristiger Schleifen („Causal loops") wiedergeben. Dabei sind die Variablen miteinander in Form von Rückkopplungsschleifen („Feedback loops") verbunden.

3   Das „Zertsim" Modell

Das in diesem Beitrag vorgestellte dynamische Simulationsmodell „Zertsim" wird für Simulationen von Effekten auf Struktur und Systemverhalten der Energiemärkte genutzt.

Beispielsweise können Einwirkungen unterschiedlicher wirtschaftlicher Rahmenbedingungen (z.b. Wirtschaftswachstum) oder verschiedener umweltpolitischer Instrumente (z.b. CO_2-Steuern oder CO_2-Emissions Zertifikate, Grüne Zertifikate oder andere umweltbezogene Restriktionen) auf die Strompreis-, Emissions- oder Produktionskapazitätsentwicklung im Energiesektor untersucht werden, um Handlungsempfehlungen zur Entscheidungsunterstützung abzuleiten.

Ziel des Simulationsmodells „Zertsim" ist die Analyse des kurz- und langfristigen Preisverhaltens (Spotpreis und Durchschnittspreis) des Elektrizitätsmarkts, insbesondere als Folge von verschiedenen Energie- und Umweltpolitiken. EIFER hat das dynamische Simulationsmodell „Zertsim" in einer ersten Entwicklungsstufe für die Analyse des Elektrizitätsmarktes in Deutschland erarbeitet. Es umfasst einen Betrachtungszeitraum vom Jahr 1998 bis 2026. Das Modell baut auf einer Arbeit von K. Vogstad auf, der ein vergleichbares Modell für den Elektrizitätsmarkt der nordischen Länder entwickelte (Vogstad 2004).

Die aktuelle Version von „Zertsim"[1] weist kurze Rechenzeiten von ca. einer Minute auf: Durch die Variation der Inputparameter und unmittelbare Ergebnispräsentation eignet sich das Modell zur Unterstützung von Diskussionen über die Zukunft der Energiemärkte in Workshops sowie zur Entscheidungsunterstützung bei Investitionen in dezentrale und erneuerbare Energien beim Kunden vor Ort.

„Zertsim" wurde mit der Software VENSIM© umgesetzt, die umfangreiche grafische Unterstützung sowohl bei der Programmierung als auch bei der Ergebnisdarstellung bietet.

4 Modelleigenschaften

Nachstehend werden die spezifischen Modelleigenschaften des entwickelten dynamischen Simulationsmodell „Zertsim" tabellarisch wiedergegeben.

Im Modell "Zertsim" wird der deutsche Strommarkt durch kurz-, mittel- und langfristige Rückkopplungsschleifen wiedergeben. Dieser Modelltyp erlaubt es somit, Kausalbeziehungen zwischen verschiedenen Variablen (z.B. Erhebung einer CO_2-Steuer und Ausmaß der Auswirkung auf den Strompreis) aufzuzeigen, wobei eine Variable multi-kausal von mehreren anderen beeinflusst wird.

---

[1] Stand. Dezember 2008

Modelleigenschaften	"Zertsim"
Modelltyp	Dynamische Simulation mit der Methodik System Dynamics, myopisch
Ein-Wirtschaftssektormodell	Elektrizitätssektor
Ansatz	Deskriptiv
Techno-ökonomisch	Beschreibung der Technologien auf dem Aggregationsniveau der Energieträger bzw. Umwandlungstechniken (Uran, Erdöl, Erdgas, Erdgas Spitzenlastturbinen, Erdgas CCS, Steinkohle, Steinkohle CCS, Braunkohle, Wasserkraft, Biomasse, Biogas, Wind onshore, Wind offshore, Fotovoltaik)
Modellansatz	Bottom-up, angebotsseitig orientiert
Technischer Fortschritt und Ressourcenverfügbarkeit	Partiell endogen
Multi-Periodisch/Zeithorizont	In Jahresschritten, 1998 - 2026
Geographischer Bezug	National, Deutschland, (eine internationale Stromverbindung zum übrigen Europa)
Umweltbezogene Politikinstrumente	CO_2-Steuer, Einspeisevergütungen, optional Ausstieg/Nicht-Ausstieg aus der Nuklearstromerzeugung
Nachfrageseite	Aggregation der Lastkurven, keine Unterscheidung zwischen einzelnen Sektoren (wie Industrie, Tertiär, Verkehr etc.)
Verhalten der Marktakteure	Keine Unterscheidung einzelner Akteure mit individueller Verhaltensfunktion

Tab. 1: Übersicht Modelleigenschaften des Modells "Zertsim".

Abbildung 1 veranschaulicht neben den direkten und indirekten Effekten auch die verschiedenen Zeithorizonte dieser Effekte. So beeinflussen sich z.b. Angebot und Nachfrage in einer kurzfristigen Schleife, während technologischer Fortschritt und Ressourcenverfügbarkeit sich mittel- bzw. langfristig auswirken.

Mit Hilfe seines dynamischen Mechanismus ist das Modell in der Lage Zeitverzögerungen und Marktunvollkommenheiten aufzuzeigen, die temporär zu Marktungleichgewichten führen. Zudem sind langfristig sich einstellende Marktgleichgewichte potenziell ein Ergebnis von Politiken und Modellstruktur und nicht eine Modellannahme wie z.B. in Linear Programming (LP)-Modellen.

Wegen des dynamischen Marktmechanismus ist „Zertsim" ein Modell ohne vollkommene Voraussicht. Die zeitliche Entwicklung von Inputparametern über den ganzen Betrachtungszeitraum wird nur durch den jeweiligen Anfangswert und Entscheidungsregeln bestimmt.

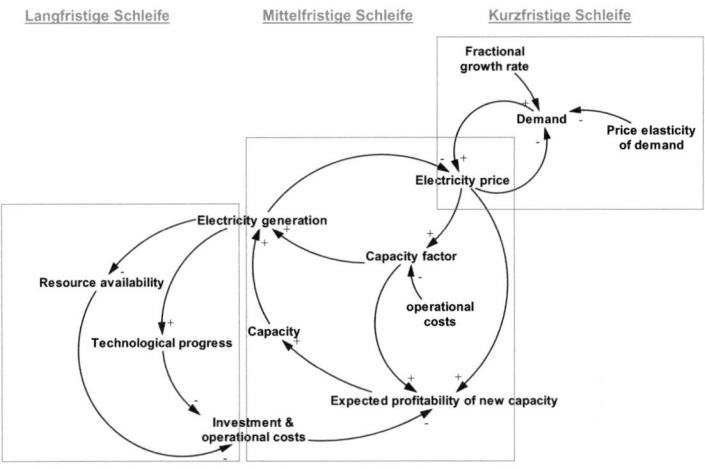

Abb. 1: „Causal loop diagramm", Kernmodell von „Zertsim" (eigene Darstellung).

Folglich sind beispielsweise die Kapazitäten der einzelnen Elektrizitätsproduktions-technologien das Ergebnis der Entwicklung über die Zeit und nicht notwendigerweise kostenoptimal in Bezug auf den gesamten Betrachtungszeitraum.

5 Modellanwendung in der Unternehmenspraxis

Zum gegenwärtigen Zeitpunkt liegt der Schwerpunkt der Modellentwicklung auf der Simulation von Auswirkungen umweltpolitischer Entscheidungen auf den deutschen Elektrizitätsmarkt (auf die Parameter kurzfristiger und durchschnittlicher Elektrizitäts-preis, Produktionskapazitäten und -mengen sowie CO_2-Emissionen). So werden eine CO_2-Steuer sowie Einspeisevergütungen für erneuerbare Energien als fester Betrag exogen vorgegeben, der über den Betrachtungszeitraum konstant bleibt (CO_2-Steuer) oder als prozentual gleich bleibender Anstieg der Einspeisevergütung für alle erneuerbare Energien gegenüber den aktuellen Sätzen modelliert wird.

Eine erste praktische Anwendung fand das Modell „Zertsim" in einem eintägigen Workshop im April 2008 in Karlsruhe, der von EIFER und den Industrie- und Handelskammern im Raum Rhein-Main-Neckar organisiert wurde. Ziel des Workshops war es, mögliche Entwicklungen des Elektrizitätssektors in Deutschland bei ver-schiedenen energiepolitischen und wirtschaftlichen Randbedingungen aufzuzeigen. Mit

Hilfe des Modells „Zertsim" wurden verschiedene Entwicklungen bzgl. der Hauptausgangsgrößen Elektrizitätspreise, Produktionskapazitäten auf Basis der einzelnen Energieträger sowie CO_2-Emissionen in Form von Szenarien ermittelt. Energieexperten aus Industrie und Energiewirtschaft der Region legten die Höhe der Eingangsparameter (CO_2-Steuer, Einspeisevergütungen, Laufzeiten der deutschen Kernkraftwerke, Nachfrageänderung) für die einzelnen Simulationen fest und diskutierten die Ergebnisse direkt im Anschluss.

Die Ergebnisse folgender acht Szenarien, die im Rahmen des Workshops erstellt wurden, sollen im Folgenden dargestellt werden. Tabelle 2 gibt die wesentlichen von den Unternehmensexperten erarbeiteten Eingangsparameter wieder.

Die Szenarien wurden mit der Zielsetzung erarbeitet, die Auswirkungen ökonomischer und Umweltpolitik bezogner Einflussgrößen auf die Elektrizitätspreis- und CO_2-Emissionsentwicklung in Deutschland getrennt voneinander aufzeigen zu können. Betrachtet wird dazu die Entwicklung im Zeitraum von 1998 bis 2026. Im Szenario 8 „Laufzeitverlängerung der Kernkraftwerke in Deutschland" wird von einer Verlängerung der Laufzeiten der Anlagen um 20 Jahre ab dem Jahr 2009 ausgegangen.

Merkmal/ Szenario	Szen.1 Refe-renz	Szen.2 Nachfr. Steigend	Szen.3 Nachfr. Sinkend	Szen.4 Brennstoffpreise hoch	Szen.5 Brennstoffpreise niedrig	Szen.6 Politik hoch	Szen.7 Politik niedrig	Szen.8 Nicht-Ausstieg
Elektrizitäts-nachfrage	konstant	Steigt um 1,5 %/a	Sinkt um 1 %/a	konstant		konstant		konstant
Preisentw. (Erdgas)	+ 50 – 60 %	+ 50 – 60 %		+150 %	+ 30 %	+ 50 – 60 %		+ 50 – 60 %
Preisentw. (Kohle)	+ 100 %	+ 100 %		+200 %	+ 50 %	+ 100 %		+ 100 %
Einspeisevergütung 2000	Um +/- 5 %	Um +/- 5%		Um +/- 5 %		Um +50 %	Um - 30 %	Um +/- 5 %
Höhe CO_2-Steuer ab 2009	40 €/t CO_2	40 €/t CO_2		40 €/t CO_2		100 €/t CO_2	20 €/t CO_2	40 €/t CO_2
Zukunft Kernkraft	Ausstieg	Ausstieg		Ausstieg		Ausstieg		Nicht-Ausstieg
Laufzeitverlängerung ab 2009	0	0		0		0		20 Jahre

Tab. 2: Ökonomisch und umweltpolitisch motivierte Szenarien im Zeitraum 1998 bis 2026.

Die folgenden beiden Abbildungen 2 und 3 zeigen die Entwicklungen der Durchschnittspreise für Elektrizität in den acht Szenarien.

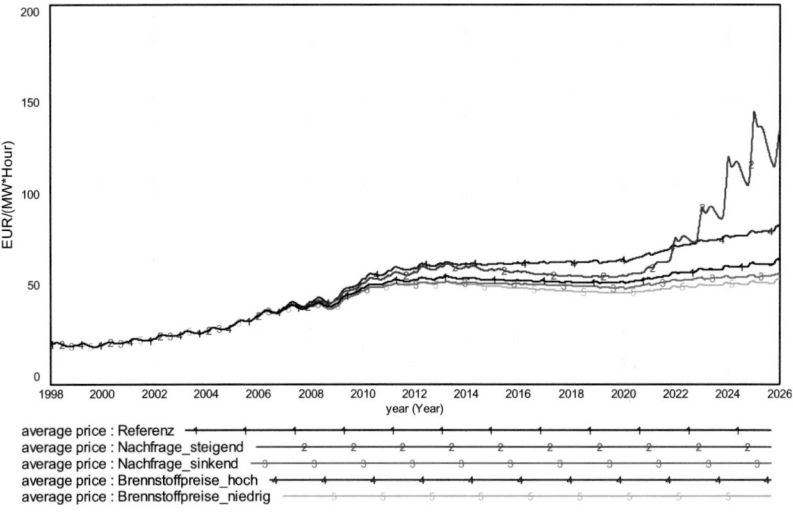

Abb. 2: Vergleich der Durchschnittspreise für Elektrizität in den Szenarien 1-5.

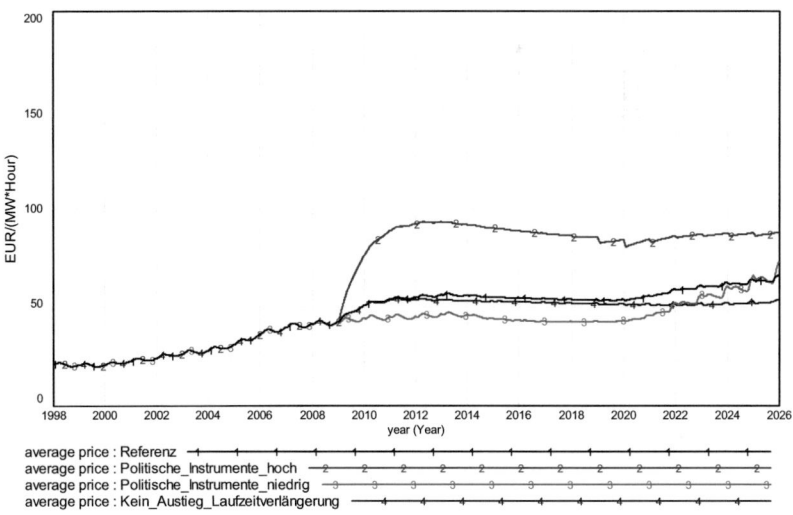

Abb. 3: Vergleich der Durchschnittspreise für Elektrizität in den EIFER-Szenarien 1, 6-8.

Szenario 6 – Die Einführung einer sehr hohen CO_2-Steuer (100 €/t CO_2) im Jahr 2009 und hohe Einspeisevergütungen für erneuerbare Energien führen im Zeitraum 2011 bis 2023 zum höchsten Elektrizitätspreis im Szenarienvergleich von über 85 €/kWh (Abbildung 3).

Ein Preisanstieg von 60 €/kWh (Jahr 2021) auf 140 €/kWh (Jahr 2025) ist darüber hinaus ab dem Jahr 2022 in Szenario 2 zu verzeichnen (Abbildung 2). Gründe sind eine stark steigende Elektrizitätsnachfrage und ein Festhalten am Ausstieg aus der Kernenergie.

Die niedrigsten Elektrizitätspreise ergeben sich in denjenigen Szenarien, in denen die umweltökonomischen Belastungen gering gehalten werden (Szenario 7). Zudem, wenn die Brennstoffpreise auf einem relativ niedrigen Niveau verharren (Szenario 5). Dies erfolgt dann, wenn vermehrt fossil gefeuerte Kraftwerke genutzt oder die Laufzeiten der kerntechnischen Anlagen verlängert werden (Szenario 8). So ist eine moderate der Preisentwicklung unter bzw. um 50 €/kWh möglich (Abbildungen 2 und 3).

Die entsprechende Entwicklung der CO_2-Emissionen der acht Szenarien wird aus folgenden beiden Abbildungen ersichtlich:

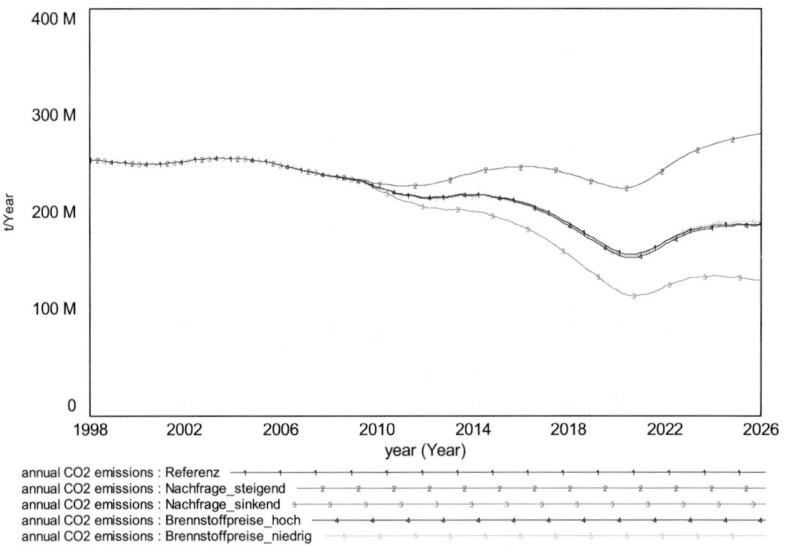

Abb. 4: Vergleich der CO_2-Emissionen in den EIFER-Szenarien 1–5.

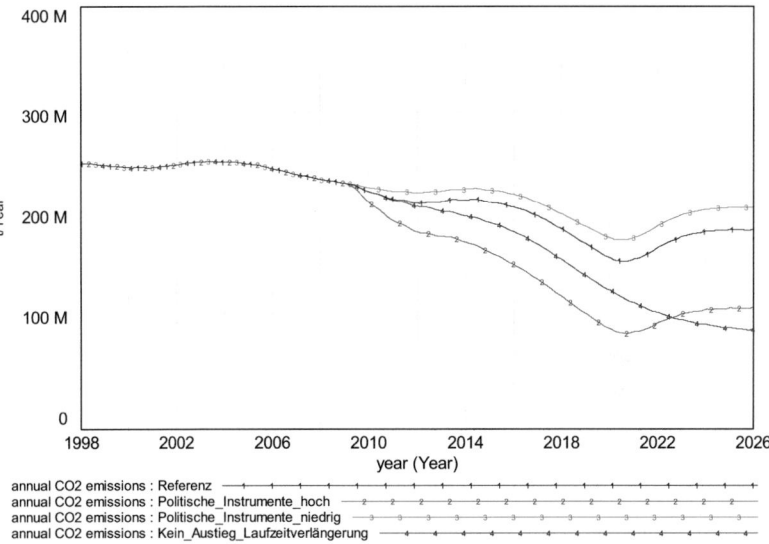

Abb. 5: Vergleich der CO_2-Emissionen in den EIFER-Szenarien 1, 6-8.

Wie aus den Abbildungen 4 und 5 ersichtlich wird, können die größten Effekte für den Klimaschutz in Szenario 6 – mit hohen umweltökonomischen Belastungen mittels CO_2-Steuern bzw. hohen Förderungen von erneuerbaren Energien – erzielt werden. Erreicht wird eine Reduzierung von 250 Mio. t CO_2 im Jahr 1998 auf 90 Mio. t CO_2 im Jahr 2021. Des Weiteren kann CO_2 um 155 Mio. t/a bis zum Jahr 2026 gegenüber 1998 in Szenario 8 – Verlängerung der Laufzeiten der Kernkraftwerke – eingespart werden. Eine ebenfalls hohe Reduktion der CO_2-Emissionen um 125 Mio. t/a zwischen 1998 und dem Jahr 2021 wird in Szenario 3 – einer sinkenden Nachfrage – erreicht.

6   Ergebnisse

Die Einführung von hohen Umweltsteuern und Einspeisevergütungen zugunsten des Ausbaus von Technologien auf Basis erneuerbarer Energien (Szenario 6) führt zu einer starken Verteuerung der Elektrizität von 45 €/MWh (2009) auf 90 €/MWh (ab 2013), und der Elektrizitätspreis verharrt bis zum Ende des Analysezeitraums in etwa auf diesem Niveau. Hohe Brennstoffpreise für Gas und Kohle (Szenario 4) führen ebenfalls zu einem relativ hohen Elektrizitätspreis von 75 €/MWh (2025).

Die Verlängerung der Laufzeiten der Kernkraftwerke in Deutschland (Szenario 8) ermöglicht eine Elektrizitätspreisentwicklung, die zwischen den Jahren 2010 und 2020 durch einen konstanten Verlauf auf relativ niedrigem Niveau (50 €/MWh) und nach dem Jahr 2020 durch einen sehr geringen Anstieg gekennzeichnet ist.

Die größte Reduzierung der CO_2-Emissionen findet beim starken Einsatz von umweltbezogenen ökonomischen Instrumenten statt (Szenario 6). Erreicht wird eine Reduzierung von über 250 Mio. t/CO_2 (1998) auf ein Niveau von unter 100 Mio. t/CO_2 (2023). Die Reduzierung erfolgt durch den Einsatz von Elektrizitätserzeugungstechnologien mit geringen CO_2-Emissionen (Verringerung Anteil thermisch konventioneller Technologien zugunsten erneuerbarer Energien).

Eine steigende Elektrizitätsnachfrage um 1,5 %/a führt im Falle eines Ausstiegs aus der Kernenergie (Szenario 2) gegen Ende des Betrachtungszeitraumes im Jahr 2025 zum höchsten Elektrizitätspreis gegenüber allen anderen Szenarien, von 140 €/MWh (2025) im Vergleich zu 25 €/MWh (1998). Dies bedeutet einen Anstieg des Elektrizitätspreises zwischen 1998 und 2025 von 161 %.

7   Schlussfolgerungen und Ausblick

Das Modell „Zertsim" ermöglicht die Abbildung komplexer Wirkungszusammenhänge aufgrund der Nutzung der Methodik von System Dynamics die Abbildung von direkten und indirekten Kausalitäten zwischen Variablen durch kurz-, mittel- und langfristig wirkende Rückkopplungsschleifen.

Nach der Kalibrierung des Modells, die zeitaufwändig sein kann, können in der Modellanwendung Inputparameter auf Nachfrage variiert und bereits nach 1 Minute Rechenzeit deren Auswirkungen als Modellergebnisse in graphischer Form präsentiert werden. Damit ist das Modell besonders geeignet in Workshops und Veranstaltungen über die zukünftige Entwicklung des Energiesektors Hilfestellungen bei der Meinungsbildung zu leisten.

Mit „Zertsim" können temporäre Ungleichgewichte auf dem Elektrizitätsmarkt abgebildet werden, wodurch eine realitätsnähere Preissimulation möglich ist als bei Modellen, die auf einer Gleichgewichtsannahme basieren. Eine Integration von Marktunvollkommenheiten und strategisches Verhalten sind in System Dynamics Modellen grundsätzlich möglich.

Als generelles Ergebnis des Vergleichs der Einflussgrößen auf die Elektrizitätspreis- und CO_2-Emissionsentwicklung kann festgehalten werden:

Die bestimmenden Faktoren für ein hohes Elektrizitätspreisniveau über den gesamten Betrachtungszeitraum sind in abnehmender Wirkungsintensität, die umweltökonomischen Instrumente (hoher CO_2-Emissionspreis, hohe Einspeisevergütungen), die Brennstoffpreise, die Nachfrageentwicklung und schließlich die Verlängerung der Laufzeiten der Kernkraftwerke in Deutschland.

Bei den CO_2-Emissionen sind dies, geordnet nach abnehmender Höhe der CO_2-Minderung, die Faktoren umweltpolitische Instrumente, Laufzeitverlängerung der Kernkraftanlagen in Deutschland, sinkende Nachfrage und schließlich Brennstoffpreise.

Um die Qualität der Ergebnisse des Modells zu verbessern, sind beispielhaft folgende Modellerweiterungen angedacht:

- Erweiterung des Modells „Zertsim" von einer primär deutschen Perspektive auf die Europäische Ebene.

- Verfeinerung der Technologieklassen, insbesondere bei dezentralen und erneuerbaren Energien, um Größenklassen und um einzelne Technologien.

- Implementierung von Zertifikatsmärkten für CO_2-Emissionen sowie grüne und weiße Zertifikate.

Literaturverzeichnis

[1] Forrester, J. W. (1961). Industrial Dynamics. MIT Press. Cambridge, Massachusetts, 1961

[2] Vogstad, K.-O. (2004). A system dynamic analysis of the Nordic electricity market: The transition from fossil fuelled toward a renewable supply within a liberalised electricity market. Diss., Norwegian University of Science and Technology, Department of Electrical Power Engineering. Trondheim, 2004.